从价值传播到国家形象

郭卫民
主编

中信出版集团 | 北京

图书在版编目（CIP）数据

从价值传播到国家形象 / 郭卫民主编 . -- 北京：
中信出版社, 2024.3
ISBN 978-7-5217-6198-6

Ⅰ.①从… Ⅱ.①郭… Ⅲ.①社会主义核心价值观－
文化传播－研究－中国 Ⅳ.① D616

中国国家版本馆 CIP 数据核字（2023）第 226073 号

从价值传播到国家形象
主编：　　郭卫民
出版发行：中信出版集团股份有限公司
　　　　　（北京市朝阳区东三环北路 27 号嘉铭中心　邮编　100020）
承印者：　三河市中晟雅豪印务有限公司

开本：787mm×1092mm　1/16　　　印张：17.75　　　　字数：210 千字
版次：2024 年 3 月第 1 版　　　　印次：2024 年 3 月第 1 次印刷
书号：ISBN 978–7–5217–6198–6
定价：69.00 元

编委会成员

目　录

序　言　推进新时代中国公共关系新发展 / 郭卫民　Ⅰ

理论创新篇

新时代中国价值的对外传播与公共关系的重要使命 / 程曼丽　003

中国公共关系的发展脉络及其阶段性特征 / 明安香　020

中国公共关系的创新之路 / 余明阳　037

现代公共关系的理论建构 / 孟建　042

新时代中国公共关系的三大使命 / 王石泉　046

实践前沿篇

高校智库与政府　055

中国式现代化建设中的政府公共关系建设 / 董关鹏　057

国家治理现代化下的政府公共关系价值探究 / 马英　李宏卓　064

从新闻发布会发展看政府公共关系的实践面向 / 于璇　069

数字移动媒体时代对公共关系的挑战与对策 / 李兴国　074

人工智能技术下公共关系的机遇、挑战及对策 / 姚利权　胡洁　蔡静雯　081

企业（非公关行业）　091

新媒体时代，公关人如何创造价值 / 梁利华　093

连接人民，企业公共关系助力中国式现代化 / 盛瑞生　099

全面价值领先，推动新时代企业创新发展 / 张轶鹏　105

价值融通，发挥旅游央企独特优势 / 吕友清　109

媒　体　115

新时代的中国公共关系与媒体传播 / 张小影　117

中国式现代化建设中，主流媒体如何更好发挥作用 / 季星星　122

讲好中国式现代化故事，新媒体大有作为 / 王晓辉　127

价值传递与连接，媒体的全链条服务探索 / 刘永钢　133

新技术背景下公共价值沟通的内容要素 / 田华　138

技术背后的价值观传播 / 朱承铭　144

公关行业（包含行业协会与公关公司）　151

新时代中国青年与公共关系事业的发展 / 王大平　153

发扬徽商精神——地方公共关系探索 / 丁海中　159

新技术助力价值分享，公共关系行业如何破局 / 黄小川　163

品牌价值凸显，公共关系思维成传播核心纽带 / 苏同　167

从产品到品牌，公共关系助力品牌传播"三重跨越" / 胡长青　罗志勇　170

新世纪的公关大观 / 吉霄雯　177

新时代的公共关系：以"3RONG/ 容融荣"理念促进有效

　沟通 / 李蕾　183

注册制时代上市公司的公关之道 / 雷震　程豫鹏　188

国际探索篇

新时代中国国家形象新变化与公共关系新进路 / 于运全　王丹　199

讲好中国式现代化故事，增强中国对外传播的感召力 / 杨秀萍　217

新时期公共关系如何赋能并助力国际传播发展 / 夏吉宣　221

中国式现代化建设中，如何推进人文交流 / 王辉耀　227

中国式现代化发展中的国际公共关系建设 / 潘庆中　232

短视频如何建构海外文化传播朋友圈 / 赵晖　238

共识与共创：2022 年冬奥会公共关系活动探析 / 薛可　陈炳霖　古家谕　243

国际传播中应该发挥好驻外企业的特殊作用 / 吕大鹏　250

我们这样向世界讲好中国设计的故事 / 钱竹　254

公共关系视角下国际传播对中老铁路形象塑造探析 / 王欢　祖红兵　259

Web 3.0 时代国际传播和公共外交的趋势与愿景 / 史安斌　杨晨晞　265

序 言

推进新时代中国公共关系新发展 ①

2022 年，党的二十大总结了党和国家过去 5 年的工作和新时代 10 年的伟大变革，指出了以中国式现代化全面推进中华民族伟大复兴的目标、任务，绘就了中国未来发展的宏伟蓝图。新时代新征程，对中国公共关系事业发展既提出了新任务、新要求，也提供了广阔的空间。

深化研究、积极推进公共关系理论与实践创新，充分发挥公共关系传播引导、协调各方的作用，对于阐释好党和政府的各项政策举措、广泛凝聚社会共识、汇聚起磅礴的力量，以及介绍好中国及我们奉行的和平发展、合作共赢的对外工作理念，为全面推进高水平的改革、开放、发展营造良好的外部环境，具有十分重要的意义。

伴随着中国改革开放的发展，现代公共关系思想与实践在中国大地生根开花，有力推进了我国的建设发展。党的十八大以来，中国公共关系事业得到长足的发展，公共关系机构和从业人员队伍不断发展壮大，公共关系理念与实践更加深入人心。面对

---

① 本文作者：郭卫民，国务院新闻办公室原副主任，中国公共关系协会会长。

社会变革、现代科技方兴未艾，各类组织和机构日益重视公共关系的作用，借助不断发展的各种公关手段，积极开展社会交往、传播价值理念，对外讲好中国故事，不仅赢得了公众的信任，而且扩大了在国内外的影响，中国公共关系事业发展的基础更加牢固、资源更加富集、前景更加广阔。

在推进中国式现代化建设的道路上，公共关系事业的发展也面临着复杂、艰巨的形势和任务。从国际看，百年未有之大变局与世纪疫情交织叠加，影响深远，世界之变、时代之变、历史之变的特征更加明显，世界进入新的动荡变革期。特别是美国等西方国家的一些势力，在经贸、科技、意识形态等领域对我国肆意打压、抹黑，西强我弱的国际舆论格局尚未改变。从国内看，我国正处于迈向全面建设社会主义现代化国家新征程的关键时期，改革发展稳定任务依然艰巨繁重，需要应对的风险挑战、需要解决的矛盾问题比以往更加错综复杂。与此同时，新技术、新媒体的飞速发展，深刻改变了人类社会交往方式，加速了信息传播演变，公共关系环境发生新的变化、呈现新的特点。如何有效开展对外传播，打破美国等西方国家对华舆论"围剿"，占据国际话语权和道义制高点，如何把握技术变革大势，抓住高质量发展机遇，开创公关事业发展新格局，推进国家治理体系和能力不断进步，助力全面建设社会主义现代化国家，是公共关系行业面临的重大课题。

新时代新征程，中国公共关系事业肩负使命。我们要提高站位、拓宽视野，勇于担当、奋发作为，为中国式现代化建设承担起我们的责任，做出我们应有的贡献。目前，我们要着力推进三个方面的工作。

一是精心开展对外传播，展示良好的国家形象。伴随着中国日益走近世界舞台中央，中国与世界的关系发生了显著变化，越来越多的中国企业、机构走向世界，中外交往越来越密切，国际社会更加期待了解中国、听到中国声音，加强国际传播成为中国公共关系事业非常重要的任务。近年来，我国国际传播能力水平显著提升，中国理念、中国方案赢得国际社会广泛支持。公共关系行业具有人脉广、资源活、渠道通的天然优势，是开展国际传播的重要阵地。要充分调动行业资源力量，积极开展人文交流、品牌宣介等各种对外传播活动，打造行业立体发声格局。协会要做优做强现有交流品牌，在生态文明建设、脱贫攻坚与乡村振兴、中华文化展示推广等领域持续发力，展示立体生动的中国形象。要抓住后疫情时代的有利条件，助力服务企业等各类组织"走出去"，广泛开展公关实践，加强品牌推介，积极融入当地社会，有效扩大国际影响，既服务企业发展，又推动中外交往、增进民心相通，努力展示可信、可爱、可敬的中国形象。

二是发挥协调服务职能，推动治理体系进步发展。现代化社会治理，要求协调好社会各方的关系，形成有共识、有动力，充满正能量，共同向未来的社会生态。充分发挥公共关系的沟通协调和传播引导职能，通过新闻发布、政策宣介等，介绍好党和政府的各项政策举措，凝聚社会共识、汇聚发展合力。推进社会各个领域、各种组织机构、各类企业，加强公关智力支撑，制定战略规划，协调各方资源，有效组织实施。熟练掌握和运用现代危机公关原则方法，在面对重大风险挑战和突发事件时，及时发声、精准回应，化解危机、重塑形象。努力提升广大公民的公共关系素养，推进社会进步发展。协会要强化业界交流，积极开展相关工作。围绕防灾减灾、健康中国等重大主题开展常态化交流活动，彰显行业特色。要充分发挥协会人才优势，面向各级党政机关、企事业单位等开展舆情应对、新闻发布、危机处置、声誉管理、国际传播等业务培训，提升各行业、各级领导干部和相关人员的能力与水平。

三是把握技术变革机遇，助力公关领域创新发展。当前，大数据、云计算、5G（第五代移动通信技术）、AI（人工智能）等新技术飞速发展，社交媒体、平台网络、即时通信软件等新媒体形态高度发达，特别是自媒体的快速发展，催生了传播方式、传播格局发生剧烈变化。公共关系必须顺应时代要求，用好新一轮技术变革红利，勇于革新理念，创新手段方式。要充分借助VR（虚拟现实）、AR（增强现实）、XR（扩展现实）、元宇宙、无人机、智慧大屏等各种现代技术载体，开展灵活多样的信息传播和形象展示，提升公关活动的丰富性、实效性，推动公关行业跨越式发展。要在加强公共关系理论研究的同时，深入了解和把握新技术、新媒体发展趋势及其对经济社会发展的影响，着力打造一支懂技术、善传播、会公关的行业人才队伍。要盘活释放各类会员单位、行业组织的技术条件优势，为我国数字经济发展贡献行业智慧。

新时代新征程为中国公共关系事业发展指明了前进方向，提供了根本遵循。中国公共关系行业要以党的二十大精神为引领，认真贯彻习近平新时代中国特色社会主义思想，心怀"国之大者"，永葆为党、为国、为民情怀，总揽全局、开阔视野，在党和国家事业发展大局中把握目标定位、明确使命任务、全力履职尽责，始终做对外传播事业的引领者、国家治理创新的促进者、数字经济发展的推动者，为全面建设社会主义现代化国家、实现中华民族伟大复兴的中国梦贡献智慧和力量！

理论创新篇

新时代中国价值的对外传播
与公共关系的重要使命[①]

党的十九大报告做出"中国特色社会主义进入了新时代"的重大判断；党的二十大报告进一步阐述了新时代坚持和发展中国特色社会主义的重要理论和实践问题，明确了新时代新征程中国共产党的使命任务。"新时代"科学标定了我国发展新的历史方位和时代坐标，为实现中华民族伟大复兴提供了理论指引和根本遵循。"新时代"也向对外传播工作者提出了新任务：深入挖掘、准确提炼、充分阐释中国价值，并通过有效传播提升其国际知晓度与认同度，为中国当代发展创造有利的外部舆论环境。而在这方面，公共关系肩负重要的职责与使命。

一、新时代与中国价值

中国特色社会主义进入新时代意味着什么？在党的十九大报告中，习近平总书记从三个方面对此进行了阐释：一是从民族复兴的角度看，意味着近代以来久经磨难的中华民族迎来了从站起

---

① 本文作者：程曼丽，北京大学国际传播研究院院长，中央民族大学特聘教授。

来、富起来到强起来的伟大飞跃，迎来了实现中华民族伟大复兴的光明前景；二是从社会主义实践的角度看，意味着科学社会主义在 21 世纪的中国焕发出强大生机活力，在世界上高高举起了中国特色社会主义伟大旗帜；三是从中国特色社会主义对世界发展中国家的贡献看，意味着中国特色社会主义道路、理论、制度、文化不断发展，拓展了发展中国家走向现代化的途径，给世界上那些既希望加快发展又希望保持自身独立性的国家和民族提供了全新选择，为解决人类问题贡献了中国智慧和中国方案。

"三个意味着"有着丰富的理论与实践内涵，既强调了中华民族正在经历从站起来、富起来到强起来的伟大飞跃和历史转折，以及中国特色社会主义的本质特征，也强调了中国特色社会主义为世界发展中国家现代化建设提供了全新选择，为解决人类面临的共同问题贡献了中国智慧与中国方案。而第三个意味着充分表明，中国日益走近世界舞台的中央，在全球事务中开始发挥重要作用，国际影响力逐渐扩大。当此之际，特别是在以美国为代表的西方国家针对中国持续进行议程设置和舆论攻击的情况下，让世界全面了解中国理念与中国价值，展现中国为此付出的努力和做出的贡献，实现舆论突围，就成为我国对外传播的当务之急。

中国价值中的"价值"，主要是指社会价值，社会价值则是指个体或组织通过自身实践活动满足社会或他人物质及精神需要所做出的努力与贡献。从这个意义上说，中国价值就是指中国在国际事务中为满足人类社会物质及精神需要所提出的理念和做出的努力与贡献。

中国价值主张，是一个包含发展目标、发展方式和发展结果的全要素系统，也是一个与时俱进的动态过程。

近代以来，先进的中国人为救亡图存进行了艰苦卓绝的探索，力求找到一条正确的发展之路。中国共产党宣告成立后，在自己的纲领中明确提出"废除资本私有制"等主张，表明了中国共产党的目标任务及核心价值。根据中国社会发展不同时期（新民主主义革命时期、社会主义革命和建设时期、改革开放时期）的特点与要求，党的历次代表大会及时调整工作重心与目标任务，相继提出"只有社会主义才能救中国""实现全体人民共同富裕""物质文明和精神文明两手抓""坚持以人为本，树立全面、协调、可持续的发展观"等核心价值理念。党的十六届六中全会通过《中共中央关于构建社会主义和谐社会若干重大问题的决定》，明确提出了社会主义核心价值体系的基本内容，即马克思主义指导思想、中国特色社会主义共同理想、以爱国主义为核心的民族精神和以改革创新为核心的时代精神、社会主义荣辱观。党的十七大首次将建设社会主义核心价值体系纳入报告中，提出了"建设社会主义核心价值体系，增强社会主义意识形态吸引力和凝聚力"的要求。2012 年 11 月，中国共产党在十八大报告中正式提出"三个倡导"及 24 个字的社会主义核心价值观，即"倡导富强、民主、文明、和谐，倡导自由、平等、公正、法治，倡导爱国、敬业、诚信、友善，积极培育和践行社会主义核心价值观"。党的十九大报告把"坚持社会主义核心价值体系"作为新时代坚持和发展中国特色社会主义的基本方略之一，进一步提出要更好构筑中国精神、中国价值、中国力量，为人民提供精神指引。党的二十大报告再次强调，"广泛践行社会主义核心价值观"，"弘扬以伟大建党精神为源头的中国共产党人精神谱系，用好红色资源，深入开展社会主义核心价值观宣传教育，深化爱国主义、集体主义、社会主义教育，着力培养担当民族复兴大任的时代新人"。

从中可见，"中国价值"就是基于中国历史文化传统、中国国情，以及中国人民利益和需要的价值观。

需要指出的是，中国价值具有内外两个面向：对内意在增强民族自尊心、自信心和自豪感，凝聚社会共识；对外意在通过参与全球治理、贡献中国智慧与中国方案，树立中国负责任、有担当的良好大国形象。党的十八大以来，以习近平同志为核心的新一届中央领导集体走上中国政治舞台的前沿，并伴随中国的快速发展一步步走近世界舞台的中央。新一届中央领导集体站在全球战略的高度思考人类社会的发展问题，形成了视野开阔的全球化思维格局。基于这一思维格局，中央政府在内政外交方面不断推出新的举措，立足于地区和全球战略的新思想、新理念也相继提出，包括"亚洲新安全观""新型大国关系""构建人类命运共同体"，以及"一带一路"倡议等。进入21世纪的第三个十年，基于中国与世界关系的变化，针对全球发展过程中面临的一系列挑战，习近平总书记相继提出"全球发展倡议""全球安全倡议""全球文明倡议"。这三大倡议既是关涉人类发展重大问题的中国主张，也是中国价值面向世界的集中展现。

一是全球发展倡议。2021年9月21日，在第七十六届联合国大会一般性辩论上，习近平主席发表题为《坚定信心 共克时艰 共建更加美好的世界》的重要讲话，首次提出"全球发展倡议"和"全球发展命运共同体"。全球发展倡议着眼于全球发展面临的重大挑战和出现的新机遇，倡导发展优先，关注发展中国家的特殊需求，提出重点合作领域，为加快落实联合国 2030 年议程提供可行性路径；呼吁强化全球发展伙伴关系，推动多边发展合作进程，助力实现可持续发展目标；提出不让任何国家、任何人掉队，致力于弥合南北鸿沟，消除国家内部不平等。

二是全球安全倡议。2022 年 4 月 21 日，习近平主席在博鳌亚洲论坛 2022 年年会开幕式上的主旨演讲中提出了"全球安全倡议"，内容包括："坚持共同、综合、合作、可持续的安全观，共同维护世界和平和安全；坚持尊重各国主权、领土完整，不干涉别国内政，尊重各国人民自主选择的发展道路和社会制度；坚持遵守联合国宪章宗旨和原则，摒弃冷战思维，反对单边主义，不搞集团政治和阵营对抗；坚持重视各国合理安全关切，秉持安全不可分割原则，构建均衡、有效、可持续的安全架构，反对把本国安全建立在他国不安全的基础之上；坚持通过对话协商以和平方式解决国家间的分歧和争端，支持一切有利于和平解决危机的努力，不能搞双重标准，反对滥用单边制裁和'长臂管辖'；坚持统筹维护传统领域和非传统领域安全，共同应对地区争端和恐怖主义、气候变化、网络安全、生物安全等全球性问题。"

三是全球文明倡议。2023 年 3 月 15 日，习近平总书记在中国共产党与世界政党高层对话会上，提出了"全球文明倡议"：我们要共同倡导尊重世界文明多样性，坚持文明平等、互鉴、对话、包容，以文明交流超越文明隔阂、文明互鉴超越文明冲突、文明包容超越文明优越；我们要共同倡导弘扬全人类共同价值，和平、发展、公平、正义、民主、自由是各国人民的共同追求，要以宽广胸怀理解不同文明对价值内涵的认识，不将自己的价值观和模式强加于人，不搞意识形态对抗；我们要共同倡导重视文明传承和创新，充分挖掘各国历史文化的时代价值，推动各国优秀传统文化在现代化进程中实现创造性转化、创新性发展；我们要共同倡导加强国际人文交流合作，探讨构建全球文明对话合作网络，丰富交流内容，拓展合作渠道，促进各国人民相知相亲，共同推动人类文明发展进步。

"全球三大倡议"充分体现了中国对于世界发展方向的关切和期待，揭示了中国价值的核心内涵与特征。

首先，基于三大倡议的中国价值具有系统性。三大倡议相辅相成，具有紧密的内在关联：安全是发展的前提，发展是安全的动力，文明是发展与安全的土壤，发展与安全又是文明演进与前行的途径。它们犹如坚实的支柱，共同构建并筑牢"人类命运共同体"。其次，基于三大倡议的中国价值具有科学性。三大倡议与习近平总书记谈治国理政的理念一脉相承，蕴含着新时代中国共产党人一以贯之的世界观与方法论，那就是倡导求同存异、共谋发展，反对孤立、静止地看问题，突破了非此即彼、二元对立的思维模式，为思考人类发展问题提供了全新的视角。再次，基于三大倡议的中国价值体现了中华文明的优秀性。中华文明自古就以开放包容闻名于世，这种开放性与包容性植根于中华文化的深层哲学理念，如"和而不同""和实生物，同则不继""各美其美""美人之美"等。这一价值理念不仅对于中华文明的创新发展具有推动作用，对于树立正确的文明观、义利观，加强文明交流互鉴，推动构建"人类命运共同体"，也具有重要意义。

二、中国价值的对外传播

"全球三大倡议"是中国价值在新时代的创新发展，它回应了国际社会的重大关切，为解决人类面临的急难险重问题提供了建设性方案。正因如此，基于三大倡议的中国价值的广泛传播就成为一项迫切任务。

长期以来，出于历史和现实的双重原因，以美国为代表的西方国家始终掌握着国际舆论主导权，包括中国在内的广大发展中国家则处于"被定义"的状态，中国价值的国际传播也面临话语受限和影响力受限的问题。

事实上，中华人民共和国成立后，中国即被视为西方世界，尤其是美国价值体系和发展模式的对立面而受到扼制、打击。近一二十年来，随着中国经济的快速发展以及国际影响力的不断提升，这种扼制与打击又具有了更多利益博弈的色彩。美国前总统特朗普上台后，就在其任内首份《国家安全战略报告》中把中国界定为战略竞争者，针对我国的贸易战、科技战、外交战、舆论战接踵而来；美国现任总统拜登虽然在一些具体问题上采取了与特朗普不同的策略，但是在对华战略上却与特朗普高度一致，他在 2022 年 10 月发布的《国家安全战略报告》中，把中国界定为最主要且有可能改变国际秩序性质的战略竞争对手。由此可见，作为世界第一强国，美国不能容忍其他国家，尤其是中国挑战它的制度与模式，更不能容忍中国这样的"竞争对手"挑战它世界霸主的地位。既然扼制中国是美国当今的重大战略和必然选择，那么掌握着国际话语权的美国必然会将中国话题纳入整个西方话语体系中予以建构，经广泛传播形成认同。综观近年国际舆论界热议的诸多涉华话题，如新疆"种族灭绝"，中国对非洲"经济殖民主义"，"中国债务陷阱"，中国"战狼外交"及"疫苗外交"，等等，都是这种建构的产物。在近期的涉华话语中，一些西方学者还基于过时的国际关系理论，用历史上的只言片语强化"修昔底德陷阱"之说，认为一个新崛起的大国必定挑战现有大国，现有大国也必然回应这种威胁，从而导致战争。基于这种推测，中国自身的发展，中国在非洲以及其他国家、地区的投资与建设被视为威胁；中国提出的"一带一路"倡议被指责为"转嫁债务危机"和"转移过剩产能"。这种思维定式和话语偏见不仅在很大程度上误导了国际舆论，也在实际上干扰着中国国内社会共识的达成。

从国际传播的过往经历看，任何一个国家的传播旨意和话语体系都是以其价值观为基础构建起来的，具有集历史传统、社会制度、利益导向和价值取向于一体的特征，这一特征在世界经历百年未有之大变局的当下尤其突出。因此，可以说，未来国际政治和国际话语的较量必然是价值观的较量。

在新的国际环境（包括国际舆论环境）中，如何将中国价值有效传播出去？

首先，打破西方国家的话语垄断。

话语权是国家权力在国际政治领域中的体现，反映了各个国家在国际社会治理结构中的地位与影响。如果一个国家在这个结构中拥有话语优势，它的思想、主张连同利益诉求就可以通过广泛传播大行于天下；相反，如果一个国家在这个结构中不具有话语优势，甚至时常被"主流话语"置于各种道德审判席上，它的发展就会举步维艰，影响力也会受到极大限制。鉴于此，我国国际传播面临的一个首要任务，就是打破西方国家的话语垄断，在世界发展新态势和多样性的发展格局中确立自身的主体地位和话语优势，变被动为主动。打破西方话语垄断，首先就要打破那些占据国际社会主导地位的西方"元叙事"，建立符合人类社会发展规律且融通中外的中国价值叙事（体系），包括全球发展叙事、全球安全叙事和全球文明叙事。为此需要建立联系性思维，体现三大倡议的内在逻辑性和普遍意义，并通过议题设置和话语建构使其得到体系化和具象化呈现。此外，三大倡议既是中国叙事，也是全球叙事，这要求我们在对外传播中尽可能摆脱思维和视野上的局限性，关注人类社会的共同问题，并为解决这些问题提供有效的中国方案。

其次，以多种手段传播中国价值。

长期以来，在中国价值的对外传播方面，我国主流媒体一直发挥着主力军的作用。然而，近10多年来，尤其是美国前总统特朗普上台以后，在美国对华战略发生根本性转变的情况下，美国政治界及舆论界开始刻意弱化和屏蔽来自中国媒体的声音，形成了一道道"舆论铁幕"。这也促使中国媒体努力探索资源整合、协同传播的路径，以期打破封锁，实现舆论突围。与此同时，数字化发展带来了新的机遇，国内社交媒体的使用者由此获得参与国际传播的可能。而随着外部世界对中国关注程度的不断提高，我国社交媒体的信息日渐成为国际社会和国外媒体、网民了解中国的重要渠道，以及国际媒体涉华报道的新闻来源。例如，视频博主李子柒因为拍摄乡村古风生活、传统美食、传统文化方面的内容而走红，在海外社交媒体平台上产生了巨大影响力，其粉丝数甚至超过英国广播公司（BBC）、美国消费者新闻与商业频道

（CNBC）等全球顶尖媒体。此外，社交媒体本身具有全球性质，无论哪个国家的网民，只要身在中国，就可以通过社交平台发布信息，其角色无异于驻华记者。中国的"洋网红"就是如此。目前在中国生活、工作的"洋网红"越来越多，他们通过拍视频、做直播展现外国人眼中的中国，将真实的中国搬上国际社交平台。这客观上为我们提供了打破"舆论铁幕"、广泛传播中国价值的机会，而数字技术的发展必将赋能多元主体和多样化平台，并以全新的信息采集、处理和分发方式突破既有的局限；5G 等新技术的发展，将为国际传播带来更具沉浸感和参与感的下一代应用服务。我们应当牢牢抓住科技发展带来的机遇，进一步丰富中国价值的传播手段，拓展传播渠道，提升传播效能。

最后，以实绩实效彰显中国价值。

在中国价值的对外传播中，"知行合一"是需要恪守的原则。具体来说，我们不仅要通过各种渠道、方法广泛宣介三大倡议，还要在这些方面为世界各国做出中国表率和中国示范。例如，在全球发展倡议中，我国倡导发展优先的理念，主张关注发展中国家的特殊需要，助力实现联合国可持续发展的目标；在实际行动中，我国通过"一带一路"倡议的实施积极践行这一理念，在国际社会引起广泛关注。共建"一带一路"的目的，是把中国发展的能动性与外部世界发展的需要连接起来，与共建"一带一路"国家建立平等互利的"利益共同体"和"命运共同体"，促进全球合作与发展模式的转变。如今，共建"一带一路"已持续推进 10 年，取得了显著成效。国家发展改革委提供的数据显示，截至 2022 年 7 月底，我国已与 149 个国家、32 个国际组织签署 200 多份合作文件。无论是在基础设施的互联互通方面、经贸合作方面，还是在合作共建的民意基础方面，"一带一路"倡议都取得了实实在在的成绩，不仅增进了共建国家的民生福祉，也为中国与其他国家共同发展创造了新的机遇。反观西方媒体所谓的"一带一路"倡议是新殖民主义，造成相关国家的债务负担（"债务陷阱"）等说辞，显然是违背客观事实的无稽之谈，与中国一以贯之的发展理念和实际成效完全不相符。

三、中国价值与公共关系的重要使命

公共关系发端于美国，这一概念首次出现在 1807 年美国总统托马斯·杰斐逊的国会演讲中。按照爱德华·伯尼斯（出版了第一本公共关系著作《公众舆论之形成》）的界定，公共关系是一项管理功能，通过制定政策及程序来获得公众的谅解与接纳。在美国以及其他国家，公共关系也被视为形象建设的工具或手段。

公共关系进入中国后，最初的用户主要来自企业和各类经营营利性组织，这与改革开放初期我国企业转轨变型的客观需要有直接关系。作为一种现代性的经营理念和形象塑造艺术，公共关系助力企业协调内部关系，打造企业文化，建立企业与公众（消费者）之间的信息沟通渠道，通过提升产品形象、服务形象赢得公众的理解、信任与支持。几十年来，企业公共关系取得了明显的成效，在突发性的危机事件中尤其如此。如今，企业仍然是公共关系的最大用户和市场。

至于公共关系中的政府（政党）公关部分，最初没有进入我国的实践层面，很大程度上是因为当时政府的职能转变刚刚开始，尚未出现来自政府部门关系管理及形象塑造的迫切要求。如今，改革开放已逾40年，中国经济的发展、中国与世界的关系状态都出现了前所未有的变化，一系列新的需求也应运而生——随着改革开放的深入以及社会民主化程度的提高，政府职能转变得以实现。与此相应的是，建立良好的公众关系、树立服务型政府的形象成为政府方面的迫切需要。随着中国经济的快速发展及其影响力的逐步扩大，中国需要获得国际社会的信任与支持，消除来自各方面的误解与偏见，为自己的发展创造有利的外部环境。在这种情况下，讲好中国故事，传播好中国声音，在国际社会树立良好的形象，成为国家层面上的需求。目前，这方面的需求仍然呈上升之势，而帮助政府完善服务机制，树立亲民、务实的形象乃至良好的国家形象，公共关系责无旁贷。这就对中国本土公共关系理论研究者和从业人员提出了新的要求：在关注企业形象的同时，更多关注政府以及国家形象的建构问题，将公共关系的策划与管理提升到更高的层次——国家决策层次。

进入新时代，国家层面公共关系的核心任务主要体现在以下几个方面。

第一，从"中国价值"出发做好国家形象定位。

国家形象定位，是通过持续有效的信息传播在目标受众心目中树立符合该国特质的正面形象的过程，这是国家形象建构与传播的基础。新时代中国国家形象的定位，首先应当与中国价值相契合，同时考虑到国情、社会发展阶段以及国际环境变化等因素。长期以来，在国家形象的定位方面，我们主打历史牌，将对外传播的重点放在历史文化传统的推介与展示上，力求将中华文明"人无我有"的部分呈现给世人。于是，我们古老的饮食、服饰、手工艺以及京剧、武术等就成为一以贯之的中国文化符号延伸下来，并传扬出去，给世人留下深刻的印象。传统的东西、民族性的东西是国家形象的基础部分，应当向外展示，但是经过几十年的发展，中国已经发生巨大的变化，再以传统面目示人就远远不够了。之前的一项调查显示，在国际社会对中国的认知中，当代文化符号普遍落后于传统文化符号，换句话说，与中国古代文化符号受到的推崇相比，中国现代和当代文化符号的认知度偏低，这与"中国价值"的总体特征和显著成效是不相符的。这也从一个方面提示我们，在新的国际舆论环境下，中国国家形象应当具有新的定位。为此需要进行国家形象符号系统的拓展与更新，在传统元素的基础上融入更多现代化、国际化的元素，形成既具有历史传承，又具有现代感的中国文化符号系统。

中国现代、当代文化符号影响力的提升，离不开中国发展与成就的展示。在以往的对外传播中有一个误区，似乎讲中国的进步与成就太高调，既违背了"韬光养晦"的原则，也容易授人以柄，招来无端打压。事实证明，这方面的缄默不仅没有使西方国家对中国的和平发展予以正面理解，反而在更大程度上固化了它们的刻板印象，为其持续抹黑中国提供了现实土壤。2022年北京冬奥会给外国运动员带来的强烈震撼和印象反转，就充分证明了这一点。因此，在今天中国形象的塑造与对外传播中，我们应当实事求是地讲好中国发展和中国成就的故事，充分展现中国故事背后的思想力量和精神力量，使中国理念、中国价值被更多的人所了解，这也是新时代中国国家形象定位的题中应有之义。

第二，从"中国价值"出发打造国家品牌。

品牌是指消费者对于企业产品及产品系列的认知程度，它集中体现品牌拥有者优于竞争对手的特质，是企业最重要的资产（无形资产）之一。品牌也是一个国家的重要资产，以品牌意识塑造国家形象，增加其含金量与附加值，提升其知晓度与美誉度，将会给这个国家带来强大的竞争力和永续发展的动力。正因如此，许多国家都通过广告宣介，通过主办或参与重要的国际性会议、活动展现自身特色，在世界范围内引起关注。中国政府同样如此。近年来，随着我国经济发展指数在世界排位的不断攀升，以及由此带来的西方社会的抵触、排斥与打压，政府方面逐渐认识到，打造一个反映中华优秀文化特质的国家品牌，是中国走向世界舞台的必要之举。

2009 年，商务部主导制作的"中国制造"形象广告在美国有线电视新闻网（CNN）正式播出，该广告以"中国制造，世界合作"为主题，强调中国企业为生产高质量的产品，正在与海外各国的公司加强合作。"中国制造"形象广告开启了以广告片的方式进行国家营销的重要尝试。2010 年 1 月，由国务院新闻办公室筹拍的首部中国国家形象片在美国纽约时报广场大型电子显示屏上播出，同时也通过 CNN 的各个频道向全球播放，中国各领域的杰出代表和普通百姓在片中逐一亮相，以期让世界了解一个更加直观、立体的中国国家新形象。

需要指出的是，与企业不同，国家品牌打造及传播的诉求，不是一次性的消费结果和短期内的效益，而是试图通过品牌要素的协同作用和持续传播获得外部世界的理解、信任与支持，或者改变原有的误解、偏见和敌意，塑造可信、可爱、可敬的中国形象。因此，国家品牌的打造需要因时而变、随事而制，不断增加新的内容、采用新的方法和手段。而在这方面，2022 年北京冬奥会是一个很好的范例。

在 2008 年北京夏季奥运会开幕式上，我们通过中国元素的运用（包括汉字、日晷、太极等），展现了中华民族深厚的文化底蕴，很好地回答了"我是谁""我怎样"的问题。14 年后的 2022 年，基于中国自身发展及其与世界关系的变化，北京冬奥会将立足点提升到一个更高的层面——构建"人类命运共同体"、与世界"一起向未来"（冬奥会的口号），把彰显新时代中国精神、中国价值、中国力量的形象符号立体呈现了出来，实现了中国形象系统的拓展与更新。

在北京冬奥会上，人工智能、VR、5G 等先进科技手段的运用格外引人注目。从冬奥火炬"飞扬"的氢气低碳燃烧到主火炬的微火点燃，从 AR 合成的万千红丝带到数字科技编制的巨大中国结，从 24 小时不间断为上千人提供各式餐饮服务的机器人餐厅到比赛场馆中诸多"黑科技"的使用，北京冬奥会的科技创新让外来宾客大开眼界、深感震惊，以至于科技本身也成为一个重要符号，为当今中国的形象增添了开放、包容、领先的特点，体现了中国价值的历史性进步。

第三，从"中国价值"出发加强形象管理。

美国著名管理专家格林（Green，1992）认为，形象管理是"用来保护公司声誉的各种能力及技能的正式组合"。从宏观上看，形象管理可以分为两个部分：常态下的形象管理和非常态（危机状态）下的形象管理。国家形象同样需要引入"管理"理念，尤其是危机状态下的管理理念，以便在国家形象出现问题时做好形象修复与矫正工作。

常态下的国家形象管理，对内包括政府与民众的信息沟通，主流价值观的传播，民族国家及其文化的认同，以及在民众关切的重大问题上及时回应，与之保持良性互动；对外则是指政府运用传播手段及各种交流方式，改善或协调与特定外部公众的关系，以增进相互之间的了解与信任，提升国家形象的种种努力。

非常态下的国家形象危机，是指突然发生的、对国家利益产生严重威胁的紧张情势。在这种情势下，当事国或国际组织如果不能及时做出研判和采取有效措施，危机事件便会产生溢出效应，从而在更大范围内引起政治、经济、安全、外交、社会的失序失常，甚至有可能导致冲突乃至战争。正因如此，各个国家和国际组织越来越重视危机状态下的应对准备与形象管理工作，并利用各种手段防范和控制危机蔓延，减少其带来的损害。

需要指出的是，非常态下的国家形象危机既包括前述现实危机，也包括负面舆论带来的舆情危机。后者对于国家形象的损害也是相当大的——舆情危机甚至有可能引发现实危机，因此同样需要引起重视。

在世界大变局加速演进的当下，我国国家形象管理面临的一个严峻挑战，就是国际涉华舆论带来的认知偏差。如前所述，出于对华战略的需要，美国政府将中国话题纳入整体性的议程设置中，并通过各种渠道广泛扩散，严重误导了国际社会对于中国的认知与判断，也严重干扰着中国价值的传播与认同。

在新的国际舆论环境下，中国要想打破美国等西方国家的话语屏障、扭转于我不利的局面，就要通过舆论的力量构建自己的思想和话语体系。在此过程中，议程设置不可或缺。作为一种已被证实的传播致效手段，议程设置对于大众认知及社会舆论具有显著的引导功能，并能使话语权不断增效。首先，中国需要进行国家议题及话语体系的开掘，进行民间话语的建设，利用中国经验这一丰富的语料库，从人类共性、共情的角度体现中国作为世界大国的责任与担当。其次，一个国家是否具有影响力，除了硬实力方面的因素之外，还取决于它的价值观念和话语体系能否有效回答和解决当今世界面临的重大问题。在这方面，中国政府显然比以往更为开放，在有关环境、气候、人权、知识产权（IP）保护等一系列问题上积极发声，表明自己的态度和立场。除此之外我们还应看到，即使是人类共同面对的问题，其背后也有着不平等的利益关系。例如，碳排放问题的提出以及方案的制定，就集中反映了西方发达国家的利益，而忽视了广大发展中国家的利益。作为世界上最大的发展中国家，中国有责任站在"人类命运共同体"的高度，对一些显失公允的西方议题及话语进行辨析，代表发展中国家发出公平、正义的声音。这也是中国价值传播以及中国国家形象管理的必由之路。

　　总之，在当代中国价值的对外传播中，公共关系担负着重要使命。它将助力中国价值的深入挖掘、准确提炼和充分阐释，在新时代国家形象定位、国家品牌打造、国家形象管理方面发挥重要作用，可谓前程远大、使命光荣。

中国公共关系的发展脉络及其阶段性特征 [①]

　　当前，中国公共关系事业正面临大发展、大繁荣、大有可为、大显身手的新时期。

　　全球舆论公关、国际政治公关、国际外交公关、经济公关、贸易公关、产业链供应链价值链公关、文化公关、旅游公关、危机公关等国内外需求接二连三、扑面而来，正在把高质量、高水平的公共关系工作和运作推向国内国际第一线。

　　那么，中国公共关系是怎样发展起来的呢？

一、改革开放与中国公共关系

　　近40年来，中国公共关系的发展大体上经历了这样几个阶段。

（一）中国公共关系：孕育新生阶段

　　中国的公共关系不是天上掉下来的，也不是凭空想出来的，

① 本文作者：明安香，中国社会科学院新闻与传播研究所研究员，1993年以来获国务院政府特殊津贴，曾连续兼任中国公共关系协会常务副主席（后改称常务副会长）。

而是改革开放直接催生出来的。

1984年金秋，10月20日，中国共产党第十二届三中全会通过了历史性的重大决定——《中共中央关于经济体制改革的决定》（以下简称《决定》）。《决定》在认真分析了当时我国的经济和政治形势之后明确指出："为了从根本上改变束缚生产力发展的经济体制，必须认真总结我国的历史经验，认真研究我国经济的实际状况和发展要求，同时必须吸收和借鉴当今世界各国包括资本主义发达国家的一切反映现代社会化生产规律的先进经营管理方法。"《决定》特别强调，"增强企业活力是经济体制改革的中心环节"，"要使企业真正成为相对独立的经济实体，成为自主经营、自负盈亏的社会主义商品生产者和经营者，具有自我改造和自我发展的能力，成为具有一定权利的义务的法人"。《决定》发出了响亮的号召："这个改革，关系国家的前途，关系亿万工人、农民、知识分子的切身利益，全党同志要站在改革这个时代潮流的前列。"①

党中央的号召，引起了时任中国社会科学院新闻研究所（现名新闻与传播研究所）有关领导的高度注意。所长商恺（人民日报社记者部原主任）、副所长东生（后调任中国记协书记处书记）等领导同志深感这次经济体制改革意义之重大，多次商议我们的新闻工作和新闻研究工作如何站在改革这个时代潮流的前沿为经济体制改革服务的问题。一次，在研究部署所内工作时，一位副所长讲到了西方公共关系对经济发展的促进作用。东生同志对此

---

① 中共中央文献研究室编：《十二大以来重要文献选编》，人民出版社，1986年，第558~587页。

表示出浓厚的兴趣和高度重视，立即建议指定专人进行课题立项，开展相关研究工作。

笔者领受任务后，与室内有关研究人员一起认真地进行了初步可行性探讨。大家认为，公共关系学是美国等发达国家在20世纪上半叶的几十年内发展起来的一门新兴学科。公共关系学总结了现代经营管理和行政管理的经验，熔新闻学、传播学、管理学、经济学、心理学等学科的内容于一炉，概括了现代经营管理和行政管理的一些重要思想、方法与技巧，改善了资本主义的企业管理和行政管理，促进了资本主义生产和社会的发展。其对于改进我们的经营管理和行政管理都具有相当重要的参考作用，对于促进我们的经济体制改革具有积极的现实意义。

同时，我们也看到，当时在我国开展公共关系研究和发展公共关系事业还有相当大的难度。首先，公共关系在中国基本无人知晓，即使在学界也是知者凤毛麟角，在我国开展公共关系研究完全是白手起家。其次，公共关系的实践基础在中国更为薄弱，即使当时已经进入中国的少量外资企业和合资企业中，全面开展这项工作的也所闻不多。最后，更重要的是，改革开放的初期，在认识和引进发源于西方资本主义国家的公共关系这门崭新学科和新兴事业方面，肯定会面临不少问题和障碍。但是，我们认为，中共中央关于经济体制改革的决定就像及时雨一样，为在中国开展公共关系研究和发展公共关系事业创造了极佳的条件。因为我国企业在真正成为相对独立的经济实体，成为自主经营、自负盈亏的社会主义商品生产者和经营者以后，就必然离不开公共关系！

党的号召、时代的需要，就是社会科学工作者的重大课题！

中国公共关系的诞生有几个标志性事件。

第一个标志性事件，是中国社会科学院新闻研究所决定正式成立当时国内第一个公共关系研究课题组。1984年10月，以商恺所长为首的所领导班子同意和决定集中科研人员中的部分优势兵力，由本文笔者明安香领头正式成立专门的公共关系课题组。

所里给这个课题组配备的研究人员可谓实力雄厚，课题组成员基本上是当时毕业于中国社会科学院研究生院新闻系第一届（戏称"黄埔一期"）、第二届的研究生，拥有硕士学位，并分别通晓英语、日语、法语等主要外语。当年课题组的成员大部分有出国留学或工作的经历，这为开展中国公共关系破冰研究提供了极为有利的条件。

紧接着，课题组成员分头开展对西方主要国家的公共关系理论和公共关系事业历史、现状的资料收集和问题研究工作，在北京图书馆（现国家图书馆）、院图书馆、所资料室和国内主要高校（中国人民大学新闻系和上海复旦大学新闻系等）图书资料室尽可能借来或复印当时极难找到的少数公共关系学英语原著和资料。其间，课题组全体成员全力以赴进行了多次集体学术研讨和重点发言，便于交流情况、深入研究、统一认识、分工协作。

第二个标志性事件，是开展对中国公共关系萌芽的国情调查。这些考察与调研为我国社会主义公共关系理论体系的建立奠定了良好的基础。

课题组正式成立后，东生等所领导一再强调：开展公共关系研究要有明确的指导思想，一是要尽可能认真总结、借鉴西方公共关系学中的宝贵理论、经验、方法、技巧，为我所用；二是要紧密结合我国社会主义建设的实际国情，总结经验、发现问题、解决问题，绝不能全盘照搬和生吞活剥西方的公共关系学；三是要积极探索、逐步建立具有中国特色的社会主义公共关系体系。为此，所领导要求课题组尽快拿出经得起实践和历史的考验，有中国特色的公共关系教材或著作。

1984年秋末冬初，课题组成员分别奔赴广州、深圳、上海、浙江、湖北等地，重点前往全国改革开放的第一线省市进行中国公共关系的现状摸底和实地调研，考察我国企事业单位的公共关系萌芽与实践。

我们广东一行三人，在南方日报社工商部调研时，得知一家国有企业——广州白云山制药厂在当时已经开展了水平相当高的公共关系工作。我们喜出望外，到该厂进行了重点访问、考察，与该厂办公室主任、公关部主任、供销科长等分别举行了座谈。该厂总支书记、厂长贝兆汉同我们侃侃而谈，畅谈了他们开展公共关系工作的收获与体会。他们倡导落实爱厂、兴利、求实、进取的"白云山人精神"，推行产品、技术、环境、服务、效益"五个一流"的企业高标准，将企业总产值的1%用于公关广告工作，开展社会公益活动，树立企业形象，进行信誉投资。这一系列公关思想和公关实践，在当时都是相当超前的，取得了相当显著的经济效益和社会效益，企业利润连年翻番，可以说为经济体制改革后的中国企业创名牌、树形象，提供了一个成功的公共关系样板。

其他几路也收获不小。去浙江、上海一路，在当时名声大振的浙江海盐衬衫总厂厂长步鑫生那里获得了企业细致关心职工生活，搞好员工、家属等内部公共关系的整套经验；去湖北一路，在地处十堰的第二汽车制造厂总结了企业处理好供应商、供销商等外部公共关系的做法；在北京一路，得到了长城饭店等著名外资企业提供的公共关系培训指南等重要一手资料。

课题组成员回京后欢聚一堂，相互交流了调研成果和体会，一方面为公共关系在中国大地的萌芽感到高兴和鼓舞；另一方面深知今后在中国开展公共关系研究，推广公共关系工作，建立中国特色公共关系体系之筚路蓝缕、任重道远。

第三个标志性事件，是在全国性日报《经济日报》二版头条发表了我国第一篇关于公共关系的社论和长篇通讯。为了充分认识公共关系在我国改革开放中的重要地位和作用，推动公共关系事业在我国的迅速普及和发展，所领导认为必须在有影响力的全国性日报上发表有关公共关系的社论和文章。于是在课题组前一段考察、研讨的基础上，由本文笔者明安香执笔撰写了《必须认真研究社会主义公共关系》社论稿和《如虎添翼——记广州白云山制药厂的公共关系工作》通讯稿。时任《经济日报》总编安岗和理论部负责人等对此给予了大力支持。1984年12月26日，《经济日报》发表的专题社论和通讯，对于公共关系在我国的广泛普及起到了重大推动作用。

综上，中国公共关系资深学者、北京国际关系学院原院长郭惠民教授在专文中指出，1984年被公认是"中国公共关系元年"。①

第四个标志性事件，是1986年11月，中国社会科学院新闻

---

① 郭惠民：《中国公共关系：创造未来比预测未来更重要》，《中国青年报》，2018年11月22日2版，转自中青在线。

研究所公共关系课题组编写、明安香主编的我国第一部公共关系学著作《公共关系学概论》由科学普及出版社出版。该书认真借鉴、吸收国外公共关系的优秀成果，同时注意结合我国实际，坚持有中国特色的社会主义公共关系，理论与实际结合，出版后受到社会各界的普遍欢迎，前后加印多次，发行量超过15万册。为公共关系在中国的健康起步和广泛普及做出了历史性的贡献。随后，广州中山大学王乐夫、廖为建等合著的《公共关系学》（辽宁人民出版社，1986年12月）、上海复旦大学居延安所著的《公共关系学导论》（上海人民出版社，1987年4月）相继出版。

第五个标志性事件，是1987年6月22日中国公共关系协会正式成立。1986年11月，上海率先成立了国内最早的省市级公共关系协会——上海市公共关系协会。当时在中国记协任职的东生同志，在中国社会科学院新闻研究所前所长商凯等领导同志的大力支持下，邀请刚从英国学术访问一年回国的明安香参与筹备组建中国公共关系协会的工作。1987年初，经过数月的可行性论证、请示报告、舆论宣传和筹备组织等紧张工作，国家体改委于1987年5月21日正式复函中共中央统战部，批准成立中国公共关系协会。1987年6月22日，"第一届中国公共关系高级研讨会暨中国公共关系协会成立大会"在北京人民大会堂隆重举行。安岗同志任首届中国公共关系协会主席，东生同志任第一副主席。研讨会的主要议题是：总结我国新型的社会主义公共关系实践经验，探讨如何发展有中国特色的社会主义公共关系事业。

中国公共关系协会是我国第一个全国性的行业性、专业性公共关系团体。它的成立得到了党和国家领导人及其他相关领导的热情关怀，李瑞环、薄一波、张劲夫、习仲勋、雷洁琼、宋健、胡乔木、杨成武、马文瑞、卢嘉锡、王首道、王光英等领导同志都在不同时期为协会题词勉励。近4年后，1991年4月，中国国际公共关系协会（CIPRA）成立。中国公共关系事业迈向了普及发展的新阶段。

从一开始就注重吸收借鉴，注重国情调研，注重中国特色社会主义，可以说是中国公共关系的底色，也是第一阶段的突出特征。

（二）中国公共关系：普及发展阶段

正像任何新生事物在成长过程中都不会一帆风顺一样，尽管中国公共关系在理论研究方面曾经有一个不错的开头，但是在实践中却难免要克服一些误区或局限，从幼稚走向成熟。

现在看来，在普及发展阶段，中国公共关系事业在走向成熟的过程中，先后克服了以下（但不限于以下）几个主要误区和局限。

一是走出"迎来送往搞接待"的偏见误区，重点突出公共关系的专业特色。在中国公共关系发展的初期，正规化、规范化的接待工作是一项重要内容，但远不是全部内容。把公共关系工作等同于"迎来送往搞接待"，就难免会在一时间把公共关系工作当作"花瓶"和"摆设"来对待，很难真正发挥公共关系的沟通和管理职能作用。中国公共关系从业人员在实践中逐步端正了对公共关系工作的全面认识：一方面，使接待工作更加正规化、规范化，使之体现出公共关系的专业水准；另一方面，注意学习和掌握更多的公共关系专业知识和能力，在工作中进一步突出公共关系的专业特色。

二是突破"新闻报道与广告宣传"的局限，全面发挥公共关系的专业技能。根据当年的行业调查，国际公关公司与本地公关公司的主要差距就是，国际公关公司以品牌管理见长，而本地公司则更多局限于以新闻报道和广告宣传为手段的整合营销传播。毫无疑问，新闻报道和广告宣传是公共关系工作的重要内容，也是公共关系职业的重要专业技能，但是要想充分发挥公共关系的独特专业职能，公共关系从业人员还需要掌握和发挥咨询顾问、形象管理、目标管理、危机管理等更高级的专业技能。中国公共关系更加注重企业和机构的总体形象、全面质量、产品形象、环境形象、员工形象和社会形象的全过程、全方位的策划与管理。①

三是努力破解"污名化"的魔咒，创造中国公共关系发展的良好社会氛围。在中国公关重大作用日益凸显、声名鹊起的过程中，一些别有用心、另有所图的业内业外人员，打着"公关"的旗号反公关，打着"公关"的招牌干着违反公关基本职业道德、违法违规的勾当。一时间，各种污名化公关的言行招摇过市。其实，这些所谓的"公关"，大多根本不是职业的、专业的公关人士（即使有，也只是其中极少数败类），与真正的公共关系毫无关系。但是，他们却实实在在地给真正的公关人士、公关工作、

① 明安香：《企业形象管理——最新一代管理》，中国水利水电出版社，1995 年。

公关事业带来了干扰和破坏。多年来，中国公关专家、学者、专业人士和公关工作者理所当然地对他们进行了坚持不懈的批评、揭露，同他们进行了法理斗争，并以自己日积月累的专业工作与良好形象，逐步破解了长期以来挥之难去的"污名化"魔咒。

华中科技大学新闻与信息传播学院教授、中国新闻史学会副会长兼公共关系分会会长陈先红与张明新教授等，曾于2012年专门合作实施了一项中国公众关于中国公关认知的全国性问卷调查。结果显示，近半数（45.5%）的被访者认为，对公关第一需要的主体是"国家"，第二需要的是"政府部门"（54.9%），第三需要的是"企业机构"（33.4%）。[①] 这是一个好消息，说明中国公众的主流是看好中国公关的。中国公共关系在中国公众心目中的专业形象越来越正面、越来越清晰！

恩格斯曾以马克思的口吻，引用德国著名诗人海涅的话说："我播下的是龙种，收获的却是跳蚤。"[②] 作为中国公共关系的先行者，如今，我们可以自豪地说："我播下的是龙种，收获的是飞龙在天，只是偶尔混杂些许鱼虾跳蚤而已。"[③]

---

① 陈先红：《公共关系学的想象：视域、理论与方法》，社会科学文献出版社，2021年，第228页。

② 中共中央马克思恩格斯列宁斯大林著作编译局：《马克思恩格斯选集（第四卷）》，人民出版社，2012年，第603页。（说明：此前许多正式出版文稿和网络信息平台在注释转引马克思引用海涅的这句名言时，多使人误以为是马克思直接引用。在核对经典作家原著原文后，确认应为恩格斯以马克思的口吻引用。）

③ 明安香：《砥砺前行的记录，公关创新的硕果——〈公共关系学的想象：视域、理论与方法〉述评》，《武汉理工大学学报（社会科学版）》，2022年第1期。

在实践中学习，在探索中提高，在砥砺中前进，可以概括为中国公共关系第二阶段的主要特征。

二、党的十八大以来的中国公共关系

（一）中国公共关系：进入新时代，走向新里程

党的十八大以来，随着中国在经济、科技、文化和政治等领域逐步迈向世界舞台的中心或前列，中国特色社会主义进入了新时代。中国公共关系理论和实践的探索兴起新的热潮。

中国公共关系学科再度回归教育部专业目录。2022 年 6 月，教育部办公厅公布 2021 年度国家级和省级一流本科专业建设点名单，上海外国语大学、中国传媒大学等三所大学的公共关系学专业入选一流本科专业建设点。

调查显示，21 世纪以来，中国公关的"本土化"趋势发展迅猛。2003 年的报告首次显示，参与调查的十大本土公关公司年均营业额（4 000 万元），超过了十大国际公关公司（3 000 万元），之后这个态势有增无减。随着对新冠肺炎疫情的进一步有效控制，2021 年中国公关市场开始恢复性增长，年市场营业规模约为 745.9 亿元，年增长率为 8.3%。行业增速略高于中国GDP（国内生产总值）全年 8.1% 的增速。在新冠肺炎疫情连续3 年跌宕反复的严峻环境下，2022 年，中国公共关系行业仍保持了微幅增长，行业营业规模约为 765.3 亿元，年增长率为 2.6%。此外，数字化转型已成为公共关系行业发展的大趋势，2022 年

全行业线上业务占比达八成以上①。

党的十八大以来，一系列新思想、新理论、新概念、新政策，给中国公共关系注入了强大动力与新鲜活力。国内外政治、经济、贸易、金融、技术、军事等领域遇到诸多挑战，同时叠加世纪疫情、全球变局，给中国公共关系提出了最紧迫、最尖锐的应对课题。正是在这种动力与压力叠加、危机与胜机并存的作用下，中国公共关系悄然进入了国家公关、全民公关和全球公关的新时代。

其中，令世人刮目相看之处亮点甚多，这里仅略举几例。

（二）国家公共关系：发言人队伍蓬勃健康发展

所谓国家公共关系，要而言之，就是国家动用一切必要的专业人力、物力、信息等资源，运用现代各种公共传播媒介、渠道等技术和手段，在国际国内树立良好的国家形象和国家信誉，从而获得国内外广大民众和国际社会的理解与支持，创造国家发展、经济交流、文化交汇、人民交往的良好国际舆论环境和社会环境。

发言人是国家公共关系的国家队、主力军、生力军，是良好国家形象和国家信誉的宣传队、战斗队、先锋队。发言人既是党和国家的喉舌，也是人民的喉舌。他们要及时、准确、全面地对外宣示、阐释党和国家的重大决策与对策，声情并茂地表达中国

---

① 参见中国国际公共关系协会关于中国公共关系行业的相关年度（2003年、2021年、2022年）调查报告，CIPRA 中国公关网。

人民对国内外重大事件的由衷心声和喜怒哀乐情感，生动展现中国人民与世界各国人民之间的团结友谊和互助合作，同时，必要时也要深刻揭露国际上少数敌对势力、邪恶势力的狰狞面目和罪恶行径。

新中国成立初期，由于条件限制，并未设置专门的发言人。但是，在国际外交场合中，出类拔萃的发言人时有出现。当然，最著名、最杰出的国家发言人非国务院总理兼外交部长周恩来和后来的国务院副总理兼外交部长陈毅元帅莫属。他们的言谈举止完美地代表和展现了新中国的崭新国家形象与国家信誉，让中国人民时时感到扬眉吐气、豪情满怀。

而中国发言人制度的正式建立始于 1983 年。当年 2 月，中共中央宣传部、中央对外宣传领导小组联合发布《关于实施〈设立新闻发言人制度〉和加强对外国记者工作的意见》，3 月 1 日，时任中国外交部新闻司司长齐怀远作为外交部第一位新闻发言人站在了外国记者的面前。2003 年 9 月 22 日，国务院新闻办举办了第一期全国新闻发言人培训班，有 66 个部委的 100 多名新闻发言人参加。自此，中国发言人制度正式确立，从中央各部委、军队扩展至各省区市政府和地方政府。中国发言人队伍和工作日益正规化、常态化。从中央到地方，各种形式的新闻发布活动在数量和质量上不断提高。

特别是在应对世界百年未有之大变局和决战千年不遇之全球疫情以来，中国国家发言人站在全球舆情的风口浪尖上，上演了一场场精彩绝伦、波澜壮阔的舆论战大剧——迎击突如其来的美国蓄意挑起的贸易摩擦，反击美国嫁祸于人的新冠肺炎疫情溯源恶战，痛击美西方帝国殖民主义余孽虚构捏造的所谓中国新疆"种族灭绝"弥天大谎，抗击美国等西方国家少数政客刻意操弄的所谓"抵制"北京冬奥会的拙劣政治把戏……配合国家相关部门和领域协同作战，取得一个又一个全球舆论战役的阶段性胜利，凸显了发言人不可替代的作用。

据统计，仅在2021年，外交部例行记者会共举办230场，回答3 000多个问题。外交部国内各单位在境内外17个新媒体平台开设账号，总粉丝量突破7 300万。①

随着新媒体、融媒体、全媒体在全球的迅猛发展和普及，发言人的精彩回答片段被上传至社交媒体，经反复传播与转发而收获巨大流量。中国社会科学院新闻与传播研究所所长、中国社会科学院大学新闻传播学院院长胡正荣教授对此给予了高度评价，指出"其影响力的实质效果已经超出了单纯的外交职能范围，同时兼具着内部宣传与民众达成认同、外部宣传澄清是非的作用"。②

中国公共关系协会副会长、中国传媒大学国家公共关系与战略传播研究院教授董关鹏认为，这些年来，"通过参与建设党委和政府的新闻发言人、政务公开和企业信息披露、声誉管理等重要制度的实践，公共关系同人已经进入中国的国家和社会治理的核心地带"。③

---

① 赵实：《透过279位新闻发言人，看中国新闻发布新"密码"》，澎湃新闻，2022年1月7日。
② 胡正荣：《当前，中国舆论场呈现哪些新特点、新变量？》，人民论坛网，2022年7月29日。
③ 董关鹏：《在新的时代背景下，公共关系人的新使命》，《公关世界》，2020年1月1日。

笔者确信，中国国家公共关系已经成为新时代中国必不可少的国家软实力重要基础建设①之一。

2017年，中国国务院新闻办公室在北京主办了首届"中国－中东欧国家新闻发言人对话会"，开中国与中东欧国家和世界各国新闻发言人之间的交流合作之先河。2019年7月17日，第三届对话会在贵阳开幕。来自中共中央相关部委和地方政府的17位新闻发言人与中东欧11个国家的12位新闻发言人参会，围绕"全媒体时代的新闻发布与共建'一带一路'"主题，举行对话交流。时任国务院新闻办副主任、现任中国公共关系协会会长郭卫民在对话会开幕式上致辞指出，要"在信息芜杂、人声鼎沸的网络舆论场上，发布优质内容，传递政府声音，提高权威信息的传播力、引导力、影响力、公信力"。②

2021年5月31日，中共中央政治局就加强我国国际传播能力建设进行第三十次集体学习。中共中央总书记习近平在主持学

---

① 国家软实力重要基础建设中的"基础建设"一词，来源于英语"infrastructure"（基础设施），如信息领域的"National Information Infrastructure"（NII）等。在世纪之交，中国学术界，特别是经济界、技术界等，对于NII的汉语译法有不同意见。起初的译法是"国家信息基础设施"，但许多专家认为，NII中不仅包括光缆、电话网、卫星通信网、计算机通信网、有线电视网和移动通信网等物质建设，而且包括人才建设，因此将"infrastructure"译为"设施"不妥，宜译为"结构"。因为不能把人才看作设施，但可把人才看作结构的一部分。本人倾向于统称为"基础结构"或"基础建设"（包括位于其首位的人才建设）。参见明安香：《千年之交的机遇与挑战：中国的信息高速公路》，《现代传播（北京广播学院学报）》，1996年第4期。供讨论参考。

② 《郭卫民在第三届中国－中东欧国家新闻发言人对话会开幕式上的致辞》，国务院新闻办公室网站，2019年7月17日。

习时强调，"要注重把握好基调，既开放自信也谦逊谦和，努力塑造可信、可爱、可敬的中国形象"。①

其中，对于如何塑造好"可敬的中国形象"，既大有文章可做，也大有潜力可挖。这里限于篇幅，仅就其中最核心的一点谈点粗浅看法，那就是中国人民和中华民族必须在世界民族之林中树立起值得敬重、值得敬佩，尤其是在坚决捍卫国家核心利益问题上说话算数，特别能吃苦、特别能战斗、特别能胜利，值得敬畏的国家形象、民族形象。

正如毛泽东主席在 1953 年 9 月 12 日总结 3 年抗美援朝战争胜利和意义时气势豪迈地所说的那样："帝国主义侵略者应当懂得：现在中国人民已经组织起来了，是惹不得的。如果惹翻了，是不好办的。"②

2020 年 10 月 23 日，习近平总书记在纪念中国人民志愿军抗美援朝出国作战 70 周年大会上的讲话，一脉相承，誓言坚定："我们决不会坐视国家主权、安全、发展利益受损，决不会允许任何人任何势力侵犯和分裂祖国的神圣领土。一旦发生这样的严重情况，中国人民必将予以迎头痛击！"③

中国公共关系人在努力塑造可信、可爱、可敬的全面中国形

---

① 《习近平在中共中央政治局第三十次集体学习时强调 加强和改进国际传播工作 展示真实立体全面的中国》，央视网，2021 年 6 月 1 日。
② 毛泽东：《抗美援朝的胜利和意义》，《毛泽东军事文集》（第六卷），军事科学出版社、中央文献出版社，1993 年版。这是毛泽东在中央人民政府委员会第二十四次会议上讲话的一部分。
③ 习近平：《在纪念中国人民志愿军抗美援朝出国作战 70 周年大会上的讲话（现场实录）》，新华网，2020 年 10 月 23 日。

象方面，将继续努力奋进前行。北京大学国家战略传播研究院院长、中国公共关系协会学术委员会执行主任程曼丽教授认为，国家形象建构有两个维度的作用力：一个是以本国为主体的形象"自塑"，另一个是由外部世界主导的形象"他塑"。要塑造可信、可爱、可敬的全面中国形象，就不仅要完美完成以本国为主体的形象"自塑"，而且要尽可能调动外部世界主导的形象"他塑"，让外国网民、自媒体人自发发挥积极主动的作用。①

在习近平新时代中国特色社会主义思想的指引下，中国公共关系事业正在迈上新台阶、走向新里程，中国公共关系事业的领导者、研究者、从业者正在摩拳擦掌、跃跃欲试，要在经济公关、企业公关、文化公关、政治公关、外交公关、学术公关、媒体公关、网络公关、体育公关、国家形象和"一带一路"建设等各个专业公关领域，为企业、政府、行业客户和各界提供切实有效的公关解决方案。

在中华民族伟大复兴的登顶阶段，中国公共关系事业必将呈现出争芳斗艳、各显其能、人才辈出、硕果累累的新特征！

---

① 程曼丽：《新的国际舆论格局下中国国家形象建构》，华东师范大学人文与社会科学研究院，2022年6月1日。

中国公共关系的创新之路[①]

公共关系作为一门学科和一种职业在全球已有 120 年的历史，在中国也有近 40 年的高速发展。目前中国公共关系已成为全球公共关系体系中不可或缺的重要力量，在全球公共关系的发展和中国社会的进步中，扮演着越来越重要的角色，发挥越来越重要的作用。

公共关系是因变量而非自变量，需要根据社会的变迁而不断创新、与时俱进。唯有如此，才能保持其旺盛的生命力，显示其独特的魅力，发挥其应有的价值。

一、视野创新，融入社会主旋律

公共关系一直是社会发展的晴雨表和风向标，与社会进步同频共振，与社会变迁息息相关。

当年艾维·李首创公关职业化，就是因为巴纳姆时代"凡宣传皆好事"的舆情操弄而产生"揭丑运动"，企业、社会组织需要通过公关，倡导"讲真话"而重塑形象，优化生存环境。100年前爱德华·伯内斯将其提升为一门科学，从卡特利普和森特

[①]　本文作者：余明阳，上海交通大学中国企业发展研究院院长、教授。

"双向对称公关模式"，到格鲁尼格当代公关理论体系的成形，无一不是与政治、经济、文化、科技、社会、传媒的演进同步，是与时俱进的产物。

中国共产党第十一届三中全会于 1978 年 12 月 18 日至 22 日在北京举行，揭开了改革开放的序幕。政治昌明、经济繁荣、科技巨变、社会进步、文化更新，为中国公关事业的发展提供了丰厚的土壤。从最简单的接待礼仪与国际接轨，到顺应市场竞争的策略创新与形象战略，从关注软实力、内求团结与外求发展，到借势造势的大型公关活动策划，从引进学习国外的理论案例，到将中国公关理论案例全面推广到全球，几十年间，中国公关从蹒跚学步到中流砥柱，无不是在视野创新中成长完成的。

过往的岁月中，我们经历了香港回归、澳门回归、成立博鳌亚洲论坛、成立上合组织、北京申奥成功、加入 WTO（世界贸易组织）、上海申博成功，以及提出人类命运共同体、"一带一路"倡议、新发展理念等，正是在这样融入社会主旋律的发展过程中，中国公关事业不断成长，生根开花结果，取得新的突破与业绩。

今天，中国公关又面临诸多全新的课题。碳达峰、碳中和与绿色发展，精准扶贫后的全面乡村振兴，抗疫常态化背景下的稳经济、保就业，逆全球化日益喧嚣背景下的新国际关系与地缘政治，原创科技与核心竞争力，共同富裕与大众创业、万众创新，Z 世代消费迭代与市场新格局，新媒体、融媒体与私域流量等，都给中国公关界提出了全新的课题，需要理论诠释与实践指引，需要破题、解题给出答案，需要发挥公关特有的力量与作用。这是中国公关义不容辞的光荣责任，也是中国公关进一步发展创新的重要抓手与大显身手的历史舞台。

只有通过视野创新，融入社会主旋律，才能使公关有更大的空间和更为广阔的市场，才能取得长足的进步。

二、技术创新，引进科技新手段

传统公关的兴起，无论是国际还是国内，都与报纸、杂志、电视、广播四大媒体的发展同步。同样，最早的一批公关从业者和研究者中，媒体人一直是重要的力量。

随着互联网的兴起，新媒体的地位显得日益重要。于是大数据、云计算、智能科技、移动互联逐步成为公关的主导技术支持与传播手段。

在20世纪80年代做公关策划与公关活动时，需要花费大量人力、财力、物力，去做问卷、访谈、田野调查、同行走访，所取得的信息依然碎片化，抽样误差很难避免。同样，媒体传播滞后，媒体资源稀缺，成本高，运作过程完全不可控，效果评估更是依赖经验，或者以销量论成败。

大数据与云计算给公关带来了诸多便利。数据清晰完整，数据链系统化，因果关系清晰，例如人流量热力图、热词分布等都一目了然。上海市公共关系协会第一届国际公共关系论坛就定名为"大数据时代的公共关系"，我与《大数据时代》的作者维克托·迈尔·舍恩伯格有过对话，他的一种说法我很认可，他认为大数据就好像把一幅幅照片做动态展示，当达到每秒24张时，动作就连贯了，就成了电影。于是消费倾向、购买选择、场所热度、知名度、美誉度、评价偏好、效果评估，变得全面、系统、可靠、清晰。公关价值的评定，变得非常容易。

而人工智能、VR、移动互联、私域流量、物联网、区块链等技术的发展，为公关提供了太多的路径选择。去中心化，完全同步共享，无障碍互动，传播者与受众界域模糊，甚至众创、众筹，颠覆了过去的许多经典传播模型。这是对公关的挑战，更是给予公关新的机遇。

媒体进展同样如此，从门户网站主导，到电子商务平台、视频网站、社交平台、搜索引擎等各领风骚、并驾齐驱，与新生代消费人群逐渐成为主流消费者同步，媒体生态发生了质的变化，新格局已经成形。

元宇宙等一系列新的载体，NFT（非同质化代币）等新的市场手段与运营工具，更为公关提供了广阔的舞台，也对传统公关手段提出了全面挑战。如果不去拥抱、适应新技术与新手段，那么公关将失去生命力，其价值和影响力也会日益式微。

三、人才创新，融合多元新格局

中国从 1985 年深圳大学试办公关专业，到 1990 年中山大学正式开办公关专业，再到硕士、博士层次教育全面铺开，一段时间，公关教育火遍全国。而如今正式开办公关专业的院校只有几十所，有人说这是低谷，我认为这是理性，是科学与成熟，是一种进步。

未来的公关教育应该是专业精小、通识普及，即正式开设公关专业的学校不必太多。而公关课应该成为每一个当代大学生的通识课程，公关知识是当今社会的必备素养。

同样，未来公关公司与公关部的人才构成应该多元化。有公关专业的毕业生，也有科学管理、传播、文化创意、广告、设计、法律、金融、会展、心理等专业的人才，更应该有技术、产品、研发等专业人才。这种结构远比单一公关专业的人才群来得更优秀，更有适应力。

公关学科的特点是"内核小、外延大"，即作为公关本体学科的知识核心比较小，但相关学科的关联性非常大。在当今知识大爆炸、信息大爆炸的背景下，要一个人、几个人来包容精通所有外延知识是不切实际的，只能通过人才团队互补的方式完成知识面的覆盖。

这便要求公关学科及团队具有很强的开放性和很大的包容度，唯有如此，公关学科和团队才能适应和满足市场需求，才能履行好公关职责，才能有竞争力和社会价值。

视野创新、技术创新、人才创新，只是中国公关创新实践中的一部分。中国公关创新是全方位的、系统的，变是不变的法则，顺势而为、与时俱进是保持生命力的不二法则。

2022 年云南野象的迁徙为中国做了一次极好的国家公关，全球媒体高度关注，持续跟踪，热点不断，好评如潮。这次事件带给我们诸多启发。面对新的环境、新的消费者与受众、新的关注点、新的理念与思维，中国公关必须有新的视野、新的技术、新的人才体系、新的创意方式、新的事件载体，方能有新的建树，产生新的价值，取得新的成就。

现代公共关系的理论建构 [①]

  党的十九大提出，要"打造共建共治共享的社会治理格局"，"完善党委领导、政府负责、社会协同、公众参与、法治保障的社会治理体制"等一系列重要指示。《中共中央关于制定国民经济和社会发展第十四个五年规划和二〇三五年远景目标的建议》也指出，"健全基层群众自治制度，增强群众自我管理、自我服务、自我教育、自我监督实效"。这些，都为我国公共关系的发展指明了方向。当下如何建构现代公共关系理论体系与运作机制，发挥好现代公共关系在国家治理体系中的调节、沟通、协调、服务等职能，已经成为一个值得高度关注的时代课题。

  我国公共关系学科的发展和建设，还远远不能适应时代巨大变革和社会日益复杂的需要。与其他学科的成熟性、理论性、体系性相比，公共关系学科还存在诸多问题和差距。其间，理论性问题突出表现在理论体系的建构处于相当薄弱的境地。显然，这严重阻碍着我国现代公共关系的发展，这种状况亟待改变。探究我国公共关系理论建构中的问题，主要有三个：其一，我们还没有建构起有中国特色的公共关系理论体系；其二，我们还无法对

[①] 本文作者：孟建，复旦大学新闻学院教授、博士生导师，复旦大学国际公共关系研究中心主任。

公共关系在我国社会经济发展中应扮演的角色和应有的作用做出合理的理论解释；其三，我们对外来的公共关系理论生吞活剥、食而不化的现象严重。这些都严重制约着我国现代公共关系的理论建构。

现代公共关系的全新建构，要实现公共关系理论在三个方面的突破：第一，对与公共关系相关的学科实施重大整合；第二，对公共关系的本质进行新的诠释；第三，对公共关系的运作进行新的拓展。公共关系在近百年的发展中，逐渐形成了"管理说""形象说""传播说"等多种理论，但是将"关系研究"作为公共关系研究的逻辑起点，还基本上能为各家所接受。这种"关系研究"的基础来自社会矛盾的不断发展、变化。从我国社会矛盾解析、社会关系管理的角度看，"国家治理"将是我们重构现代公共关系的基础、维度和契机。具体而言，有以下三个方面的问题特别值得关注。

首先，建构现代公共关系是国家治理资源的重新发现和创新运用。国家治理体系和治理能力现代化有四个核心内容：基本的政治制度、公共价值、治理体系和治理能力。在我国基本解决了政治制度和公共价值后，治理体系与治理能力就凸显出来。英国著名学者安东尼·吉登斯认为，资源是权力的基础，权力是行动者改变周围既成事实的能力，表现在社会环境中，则是其对资源的支配能力。然而，资源并非权力，只是权力得以实施的媒介。规则和资源是相互依存的：一方面，行动者的资源影响着其对规则的测试和确认；另一方面，资源又非独立于行动之外，而是存在于社会环境中，社会成员在行动中赋予其各种各样的意义，从而影响规则的建构。公共关系作为国家治理的重要资源，一直没有被很好地发现或一直处于边缘，而公共关系恰恰是治理体系与治理能力的重要组成部分，其特殊价值特别体现在社会协同、公众参与这两大方面。

其次，建构现代公共关系是国家治理主体多元化的时代命题。现代国家建立在人民主权的逻辑之上。工业化、信息化促进社会不断分工、分化，民主化、市场化催生人民不断自立、自治。主观上，已形成国家和人民、政府和市场、政党和企业等多中心、多主体共生的格局。客观上，社会问题及社会矛盾错综复杂，一切依赖政府已是不能承受之重。因此，从单一的政府管理主体向多元的社会治理主体转变已是必然。从社会结构体系看，政府是国家权力运行的载体，是社会治理的主导性力量；市场是经济运行的基础，是经济发展的决定性力量；社会是个人生活的世界，是国家治理的基础性力量。从"全能政府"到"有限政府"，从政府主导的管理体制向政府、市场、社会治理结构转变是治理现代化的关键。从"善治"理论的学术演进来看，国家与社会的协同治理，即"公共治理"，是善治思考的终点。要实现善治，必须保持权力和权利的协调；政府与社会的彼此合作；公共选择和公共博弈的公平有效；所有利益相关者共同参与、责任共担、利益共享；政府与民间组织良性互动、分工协作，实现对公共事务的共管共治。这一切都是现代公共关系深刻的时代命题所在。

最后，建构现代公共关系是协调解决社会矛盾的有效途径。法国社会学家皮埃尔·卡蓝默认为，所谓的"社会治理"，实际上就是把治理主体的关系摆在制度设计的中心位置，弥补人为"分割"所造成的社会现实矛盾，实际上就是按照公共利益的法则来构建社会治理主体合作的结构，改变由于隔离所缺少的合作关系。今后社会治理的价值体系，一定要强调设计治理主体的合作结构，共同为社会提供丰富、多元的公共服务。各类型的社会治理主体均认识到"合作关系"是处理公共事务和公共问题的理念与方法，"合作"的意识深深植入治理主体的所有工作规范的指导准则当中，这将带动社会治理组织内部文化性和结构性的改变。所谓"文化性"改变，系指社会治理主体基于推动公共事务和建立更好外部环境的需求，在认知上强烈产生异中求同的行动与资源整合的意愿。"合作关系"若是成为一种文化及社会支持的网络结构，这个社会将散发出善于沟通、勇于尝试、乐于合作、精于整合和勤于改革的生命力。在这种"合作关系"主导价值的背景下，建构现代公共关系就不再是空洞无实的理念，而会是被广泛运用和最实用的解决社会矛盾的方法。

新时代中国公共关系的三大使命 [①]

公共关系实践自古有之，距今已数千年；现代公共关系自诞生至今也有百年之久。但时至今日，当代公共关系的"学理正当性"与实践的"道德合法性"依然存疑，公共关系仍然处在"世俗成见"与"合法性危机"的裹挟之中。

要发展好新时代中国的公共关系事业，首先要为公共关系正名，帮助其洗涤"历史的尘埃"，赋予其新的价值和理论内涵，推进新时代中国特色公共关系的理论建设和学科建设。

一、为公共关系正名，加强中国公共关系理论和学科建设

（一）正本清源，帮助公共关系"去污名化"

公共关系自古有之，是协调社会关系实践的产物。中国最早有典可查的公关案例是《尚书》记载的"盘庚迁殷"事件。[②] 现代公关诞生于 19 世纪中后期的美国，先后经历了三位"公关之

---

① 本文作者：王石泉，中国浦东干部学院领导与传播研究中心主任、教授。

② 胡百精：《公共关系学》，中国人民大学出版社，2018 年，第 7 页。

父"，即巴纳姆"公关启蒙"、艾维·李"公众理应知晓"和伯内斯"组织与公众相互适应调整"的三个时代[①]，也使公共关系的概念日渐清晰，形成了兼具管理、关系协调和传播三种功能的基本概念。

任何理论都有一个不断发展完善以及日臻成熟的过程，公共关系尤其如此。从本质上看，公共关系是通过组织与公众的传播管理，寻找并达成共识，以建立互信，实现合作共赢的过程。公关领域未来需要解决的最大问题之一，就是如何完善和提升其刚性的伦理价值，实现公众对其行为的有效监督，建立组织与公众之间真正的信任。

（二）兼容并蓄，加强中国公共关系的理论建设和学科建设

在新的时代，中国的公共关系需要吸收国内外相关理论和实践的优秀成果，扎根中国的文化和社会土壤，兼容并蓄，融通中外，通过中国的实践探索，建构具有中国特色的公共关系理论，也为全球的公共关系发展做出贡献。

公共关系是以生态学的世界观和方法论作为元理论的基础，既有管理学基本原理的继承，又有传播学研究方法的创新，是一门集生态学、管理学（公共管理学）与传播学于一体的交叉学科。[②]公共关系与其他许多新兴学科一样，在新的时代面临多学科、多领域融合建设与发展的使命，这也是当代公关界必须回答

---

① 胡百精：《公共关系学》，中国人民大学出版社，2018 年，第 9 页。

② 陈先红：《呼吁加快中国公共关系学科建设与发展》，《公关世界》，2017 年第 11 期。

的创新命题。

（三）确立"大公关"的定位，肩负新时代沟通协调的使命

随着信息化的普及和全球化的深入及异变，当今时代各个领域的交互性日益突出，几乎所有问题都是结构性问题。

新时代的中国公共关系需要在兼容并蓄、融通中外的基础上，结合当代中国社会的现实问题和需要开展工作。新形势下，中国公共关系需要确立"大公关"定位，勇敢地担负起全国各级领导和行政机关、企事业单位、社会组织与广大公众之间沟通交流的责任，肩负起有效协调各方利益，形成合力的大使命，解放思想，整合资源，发挥优势，加强与世界各国的沟通交流合作，为构建人类命运共同体做出贡献。

二、促沟通交流，推动国家治理体系和治理能力现代化

（一）发挥专业优势，提高国家传播管理水平

当代中国公共关系组织的发起者和建设者大多数是新闻人或有新闻传播背景与需求的组织和人士，新闻媒体界、企业界和文化界是中国公共关系的主力军。中国公关界要充分发挥自己的专业优势和协会灵活机动的特点，通过一系列创新举措推动我国党政机构、企事业单位等的信息公开，通过新闻发布、媒体报道、公关活动等多种形式提高我国各类组织的大众传播水平，让国内外公众充分认识我国领导和行政机关及各类组织机构，以增加了

解，建立信任，切实提高国家传播管理的水平。

（二）重视民意表达，促进组织与公众的沟通

中国是中国共产党领导的以人民为中心的社会主义国家，因此，我们要更加重视民意和民意表达，克服长期以来"以官意代替民意、民意表达渠道不畅；民意表达理论和实践反差较大；领导传播强势、民意表达薄弱；组织和公众之间信息不对称"等问题。[①]领导者和管理者要虚心向人民群众学习，认真倾听民意，进一步贯彻落实党的群众路线，加强各类组织与公众的沟通交流、信任与合作，凝聚起民族复兴、团结奋斗的磅礴力量。

（三）改善公共管理，提高领导决策水平

新时代中国的公共关系还需要加强全国领导机关和组织机构的传播管理与干部教育培训，提高各类领导者和管理者的领导与管理能力，以提高领导决策的质量和水平，改善公共管理的环境与生态。

《关于全面推进政务公开工作的意见》[②]规定，重大的领导和行政决策必须经过"公众参与、专家论证、风险评估、合法性审查、集体讨论决定"这五个法定程序，其核心目的就是协调公共关系，汇集各方民智，进行科学决策，提高决策水平。

---

① 王石泉：《信息时代的民意表达、甄别与吸纳》，上海人民出版社，2015年，第98~103页。

② 2016年2月17日，中共中央办公厅和国务院办公厅联合印发。

三、帮中外架桥，提升中国国际传播能力与国际形象

（一）讲好中国故事，让世界了解真实的中国

随着中国国际影响力的不断上升，中西方和中外之间跨文化沟通挑战加剧，中国的国际传播压力前所未有，讲好中国故事，"向世界说明中国"[①]已成为当务之急。在此背景下，中国的公共关系界应该帮助制定和完善中国的国际传播规划，加强中国国际传播的战略布局和制度创新[②]，充分发挥社团的优势和民间力量的作用，广泛开展国际公关与公共外交，让世界了解真实的中国。

（二）搭建沟通平台，增强中国与世界的交流

新时代，中国公共关系界应该解放思想、开放创新、广交天下朋友，为中国的国际传播搭建平台，实现中西方多领域的广泛交流合作。中国公共关系协会和全国各地的公共关系协会可以利用各自的资源、人才和渠道优势，与世界各国工商界、文化界、学术界以及政府和民间等各类组织建立有效联系与合作，持续开展一系列国际公关交流活动，以增进中国与世界各国的友谊和协作，下功夫修正、改善和提升中国的国际形象。

---

① 中共中央对外宣传办公室原主任、国务院新闻办公室原主任赵启正把中国的对外宣传定义为"向世界说明中国"。
② 王石泉：《新形势下中国国际传播的战略布局和制度创新》，《对外传播》，2021年第7期（总第298期）。

（三）加强理论创新，构建中国特色国际传播话语体系

中国要想改变自己的国家形象，实现国际形象的"自塑"，修正和消解西方舆论对中国"他塑"中的诸多误区和偏见，就要认真贯彻落实习近平总书记的指示精神，协调团结相关各方，加强中国特色对外传播话语体系建设。

时代环境在变，公共关系的价值理念和内容方式都要变。中国公共关系协会和全国各地的公共关系协会要最大限度地开发利用好自己的公共关系平台和资源，充分发挥中国历史文化、社会资源和国家影响力的优势，不断解放思想，持续改革创新，推动中国国际传播话语体系和叙事体系建设，提高叙事能力，在国际传播实践中精准识别传播对象，科学分类传播资源，努力建设和完善我国的国际传播体系[①]，为构建人类命运共同体做出新的更大的贡献。

---

① 王石泉、陈晓：《新形势下的中国国际传播体系建设前瞻》，《对外传播》，2022 年第 1 期（总第 304 期）。

实践前沿篇

高校智库与政府

中国式现代化建设中的政府公共关系建设 [①]

党的二十大报告指出："从现在起，中国共产党的中心任务就是团结带领全国各族人民全面建成社会主义现代化强国、实现第二个百年奋斗目标，以中国式现代化全面推进中华民族伟大复兴。""中国式现代化"的提出具有重大意义，是新时代新征程奋斗进取的全局性指导。站在中国式现代化的高度开展政府公共关系建设，要"因势而谋、应势而动、顺势而为"，把握机遇、迎接挑战，以塑造政府形象、提升政府公信力。

一、中国式现代化语境中的政府公共关系

（一）全过程人民民主——政府公共关系新导向

习近平总书记在党的二十大报告中指出，发展全过程人民民主是中国式现代化的本质要求，明确强调"全过程人民民主是社会主义民主政治的本质属性，是最广泛、最真实、最管用的民主"。全过程人民民主，实际上就是把以人民为中心的政治立场

① 本文作者：董关鹏，中国传媒大学国家公共关系与战略传播研究院院长，中国公共关系协会副会长。

始终贯穿于国家政治生活的各个领域、各个方面和各个环节。公共关系姓"公"，坚持以人民为中心是公共关系一直以来坚守的价值观。全过程人民民主的提出，为政府公共关系明确了新导向：在新时代新征程中，政府要在公共关系实践的全过程贯彻民主，将人民放置在一个前所未有的高度与核心位置，不断推进中国式现代化的建设。

（二）塑造政府新形象——政府公共关系新目标

政府公共关系的重要目标便是塑造良好的政府形象以赢得公众信任和获得公众广泛支持。随着行政管理体制改革的深入，政府也在不断转型，由"全能型政府"向"服务型政府"转变，行政行为由权力本位向公民本位转变，这赋予政府形象更多内涵。在中国式现代化建设的过程中，持续深入地"建设人民满意的服务型政府"是重中之重。因此，作为联系政府与人民的桥梁，政府公共关系要通过有效的公共关系活动，包括加快推行政务信息公开，促进以政府为主体的信息传播活动逐渐进入公共视野等，提升政府形象，从而获得社会大众对政府的理解、信任和支持。

（三）全媒体立体传播——政府公共关系新理念

当前，全媒体不断发展，舆论生态、媒体格局、传播方式发生深刻变化，新闻舆论工作面临新的挑战。党的二十大报告提出，"加强全媒体传播体系建设，塑造主流舆论新格局"。5G 的发展为全媒体传播体系的建设提供了新的契机。政府公共关系借助于 5G 高速度、低时延的平台特性，布局前沿技术，整合传统与前沿公共关系方式方法，实现线上与线下、传统媒体与新媒体、官方媒体与自媒体的全面结合，构筑立体化的传播格局，既能够提高公共关系传播效率，也能够扩大公共关系影响力。

二、中国式现代化建设中的政府公共关系的建设路径

（一）观念先行：践行人民至上理念

在推进中国式现代化建设的过程中，人民至上的理念是一切政府公共关系实践的出发点。"人民即江山，江山即人民"，成功的事业需要人民的支持，而只有人民支持的事业才能取得最后的成功。习近平总书记在全国宣传思想工作会议上指出，党的宣传工作要树立以人民为中心的工作导向。政府公共关系只有以人民为中心、助力公开透明，才能发挥自身的桥梁作用，实现政府与公众之间的沟通"无障碍、少误解、最流畅"，从而体现出自身的价值。

（二）倾听民意：把握公众关注焦点

在公共关系中，对话的前提是倾听。技术民主打破传统媒体的话语垄断，每位公民拥有麦克风，可以便捷地上传和分享信息，由被动的信息接收者变成问题的提出者和质疑者。这带来了机遇，政府借助各类新媒体，可以更加容易了解人民的声音、捕捉公众的关切；也带来了挑战，政府不得不面对常态化的危机、

难控制的舆情。无论是机遇还是挑战，倾听都在其中扮演着重要的角色。一方面可以了解公众的需求，把握核心议题，进而实现有效回应；另一方面可以重构与公众之间的关系，以达成情感抚慰。

（三）信息公开：创新新闻发布机制

服务型政府的关键特点是公开、透明、可问责，越透明越公平，越公开越公正，公开才有力量，才越有公信力。新闻发布会是政府部门与媒体和公众沟通对话的重要场所，是进行信息公开、回应热点、解疑释惑以及引导舆论的重要手段。新闻发布会对展现政府形象，提升政府公信力意义重大。为了推进中国式现代化的建设，在新闻发布工作中，应该把握时代新特性，以全媒体和新技术武装自己，建立既高效又创新的新闻发布机制，扩大发声渠道，掌握高超技巧，制定科学内容，引领舆论方向。

（四）持续对话：应用多元渠道沟通

5G带来了高速舆情与百变舆论，政府在开展与媒体和公众的对话时要注重持续性，避免信息真空。一方面，政府公共关系应该综合应用新媒体渠道与传统的新闻发布渠道建立"协同机制"，拓宽新闻发布渠道，最终实现用户的全终端融合覆盖。另一方面，政府公共关系也要积极创新沟通形式，结合应用H5（超文本5.0）、直播、短视频、长图文等形式，以喜闻乐见、容易理解的形式与公众开展持续对话。

（五）面向全球：强化国际视野考量

习近平总书记在中共中央政治局第三十次集体学习时强调，"讲好中国故事，传播好中国声音，展示真实、立体、全面的中国，是加强我国国际传播能力建设的重要任务"。当前，在复杂的国际舆论形势下，向世界"讲好中国故事，传播好中国声音"频频遇阻。国际传播是一个涉及政治、经济、文化多层次、多传播主体的复杂互动过程，为了打造立体的传播体系，国际传播要增加传播主体的多元性，实现官方与民间的平衡。因此，政府在开展公共关系实践时要强化国际视野考量，着眼本辖区特色之处，面向全球的公众展开传播。

三、中国式现代化建设中的政府公共关系的实践之道

（一）做好科学传播，实现"知识变常识＋事实变共识"

政府是科学传播的重要主体之一，无论是日常新闻发布还是突发公共事件，在公共关系实践中及时做好科学传播，可以实现"知识变常识＋事实变共识"，在塑造权威政府形象的同时，也能够减轻公众的恐慌心理，尽可能减少流言、谣言的传播。在科学传播的过程中，也不能忽视专家的作用。在2020年新冠肺炎疫情暴发后，官方发布会不仅做到了权威、专业，也实现了通俗、易懂、到位，这是由于从中央到地方都普遍发挥了专家作用。从"硬核"喊话到金句刷屏，专家们的回应与解读全面、权威、系统地向境内外媒体和公众传递了疫情防控的最新情况。

（二）全过程新闻发布，引导"预传播—正传播—再传播"

无论是日常工作的信息公开，还是突发事件的新闻发布，都要积极施行全过程新闻发布，引导"预传播—正传播—再传播"模式的实现。"预传播"是在新闻发布会之前，通过"多微多端"进行议题预先铺垫式发布，既做好科普又提前辟谣，为重头的主新闻发布会提前扫除公众在情绪和认知方面的多重障碍。"正传播"是定时召开新闻发布会，安排各级媒体和境外媒体参会报道和全程直播。"再传播"则是在发布会之后，组织各主流权威媒体通过短视频、图文、动漫和互动游戏等进行立体全方位的移动终端传播，使发布会发布的权威内容频繁登上各社交媒体的热搜榜和话题榜。

（三）开展舆论引导，应用"时间轴＋逻辑塔＋证据链"

舆论引导是通过新闻政策、信息发布、议程设置、平等对话及各种公共关系手段合情合理地介入社会舆论的过程。面对当前媒介环境的变化，舆论引导难度不断增加。面对汹涌而来的国内外舆情，开展有效的舆论引导需要"时间轴＋逻辑塔＋证据链"三把"板斧"。首先是权威发布"时间轴"，面对危机事件，政府通过持续不断地召开新闻发布会，发布海量相关信息，清晰地呈现"时间轴"，若危机事件与时间链条不符，可以有效反击谣言。其次是科学构建"逻辑塔"，面对无端指责，新闻发言人要在发布中反复强调"逻辑塔"，从而对不符合逻辑的信息予以驳斥和反击。最后是要严谨提供"证据链"，秉持证据说话、实事求是的原则，在新闻发布会上通过从多方收集的证据，形成闭环证据链。

四、结语

在迈向中国式现代化的进程中，开展具有中国特色的政府公共关系，不断推进"人民满意的服务型政府"的建设，营造政通人和、繁荣昌盛、和谐稳定的新局面。

国家治理现代化下的政府公共关系价值探究 [①]

党的十八大以来，党和政府对推进国家治理现代化做出了部署。政府公共关系作为政府与社会公众传播沟通的一种管理职能，在国家治理中充分实现政府与社会公众的双向交流，塑造政府的良好形象，争取社会公众对政府履行公共管理职能的理解与支持。国家治理现代化需要政府公共关系的保证和实现，政府公共关系在国家治理现代化中体现着自身的价值。

一、政府公共关系打牢国家治理的群众根基

国家治理的目标是保障和实现人民群众的合法权益，"以民为本"是国家治理的根本遵循。党的十九届六中全会通过的《中共中央关于党的百年奋斗重大成就和历史经验的决议》明确指出："让老百姓过上好日子是我们一切工作的出发点和落脚点，补齐民生保障短板、解决好人民群众急难愁盼问题是社会建设的紧迫任务。"让人民群众过上幸福美满的日子是国家治理现代化的目标，政府的善治是国家治理现代化的基础，政府与民众的关

---

① 本文作者：马英，天津商业大学公共管理学院教授；李宏卓，天津商业大学公共管理学院硕士研究生。

系决定着国家治理现代化的实现。

政府公共关系旨在促进政府与民众之间的沟通交流，使政府的公共政策更加符合民情、贴近民意，使政府的公共管理行为获得民众的认可与支持。国家治理现代化的公共决策，必须有较好的群众基础，确保其"从群众中来，到群众中去"的执行效果。政府公共关系拉近了政府与民众的距离，为国家治理奠定了良好的群众基础，在国家治理现代化的进程中，我国各级党委和政府越来越重视发挥政府公共关系在国家治理中的作用。在编制国家"十四五"规划期间，通过多种渠道向社会公众广泛征求意见和建议，在与社会的良性互动中汇聚民众的期盼和智慧，实现国家顶层设计与民众需求相统一，确保国家治理的公共决策能够体现基层群众的所思、所需、所盼。国家治理需要民众的理解与支持，政府治理在国家治理中起着主导作用，政府公共关系建立了政府与民众之间相互信任、相互理解、相互支持的良好状态。政府公共关系塑造了良好的政府形象，在与社会公众的互动交流中争取公众对政府的认同，为国家治理打牢群众基础，促进国家治理现代化的实现。

二、政府公共关系助力国家治理的多元协同

国家治理就是要改变传统的以政府为单一主体的国家管理模式，构建政党、政府、企业、社会组织、民众等多元主体的协同治理机制。国家治理现代化进程中，执政党要发挥其核心引领作用，政府要扮演好"元治理"的角色，企业、社会组织、民众要积极地参与治理，多元主体通过有效的合作实现国家治理目标。

现代治理理论与实践表明，多元主体协同治理是推进国家治理现代化的有效路径。[①]

政府公共关系可以协调政府与其他治理主体之间的关系，政府通过现代传播媒介与民众沟通交流，传播其政策主张，进行民意调查，倾听公众的诉求和建议，在治理过程中加强各个主体之间的理解和支持，形成推进国家治理现代化的强大合力和有力保障。国家治理现代化要求政府积极开展公共关系工作，发挥其利益协调、价值引导、社会整合功能，助力多元主体协同治理结构的形成。自2020年初新冠肺炎疫情暴发以来，我国政府通过一系列公共关系工作，塑造了"民有所呼、政有所应"的良好政府形象[②]，为政府赢得了民心，使民众服从政府的领导、配合政府的工作，构建了抗击疫情的协同机制，实现了政府主导下的全民抗疫的国家治理效果。[③]政府公共关系作为一种柔性治理手段，在国家治理中构建和维护良好的政府形象，润滑政府、市场、社会之间的关系，调动一切可以调动的积极因素，有助于国家治理协同机制的实现。

三、政府公共关系推进国家治理的矛盾化解

矛盾普遍地存在于任何社会，并且随着社会的发展而变化，

---

① 熊光清：《治理理论在中国的发展与创新》，《兰州学刊》，2018年第6期，第5~14页。

② 高萍：《媒体融合环境下我国政府公共关系的优化路径》，《中国新闻传播研究》，2021年第4期，第192~201页。

③ 陈先红、王艳萍：《为民言说：政府应对疫情危机的积极公共关系策略研究》，《新闻大学》，2021年第12期，第38~50页，第121~122页。

毛泽东在《矛盾论》中深刻地阐述了矛盾的普遍存在性及其运动发展性。社会矛盾的化解，事关社会的和谐稳定，是国家治理的一项重要内容。社会矛盾化解工作的成效，彰显着国家治理能力，在很大程度上反映国家治理现代化的深度、广度、力度和效力。[①] 随着我国城乡居民生活水平的日益提高，人们对美好生活追求的标准不断提升，社会对公共服务的高品质需求与日俱增。面对人民日益增长的美好生活需要和不平衡不充分的发展之间的矛盾，就要构建协调配套的国家治理矛盾纠纷化解机制，有效地解决不同社会群体之间因为利益不同、观点差异而形成的社会矛盾。国家治理现代化，就是要发挥国家治理在社会矛盾化解中的效能，满足人民群众日益增长的高品质公共服务的需求。

社会的和谐稳定是国家治理的目标，也是国家治理现代化面临的考验。政府公共关系为社会矛盾的化解搭建了平台，可以充分发挥沟通协调在矛盾化解中的作用，极大推动社会矛盾的有效化解。如人民网的"领导留言板"、地方政府的网络问政、北京卫视播出的公共沟通类节目《向前一步》，都属于很好的政府公共关系工作，为社会矛盾化解搭建了桥梁。政府公共关系的实质是政府与社会公众的良性互动，沟通交流、共建互信是政府公共关系的主要内容。政府公共关系为政府与公众的互动交流提供了桥梁纽带，政府针对民生诉求及时进行公共决策的修正和追踪决策，并且向公众传播政府公共决策的意图，使民众在私人利益与公共利益的博弈中理解政府的公共管理行为，从而推进国家治理

---

① 刘建明：《国家治理视域下社会矛盾的多元化解路径研究》，《探索》，2015 年第 6 期，第 173~177 页。

的矛盾化解。

政府公共关系以塑造和传播良好的政府形象为着力点，搭建了国家与社会、政府与民众沟通的桥梁，在推进国家治理现代化的进程中发挥着重要的作用。政府是国家治理的核心主体，政府公共关系对国家治理能力有着深刻的影响，推进国家治理现代化必须重视政府公共关系工作的开展。政府公共关系协调国家治理的内外各方面关系，在国家治理现代化的进程中显现着其价值。

从新闻发布会发展看政府
公共关系的实践面向 [①]

党的十八大以来，重大事件召开新闻发布会、各级政府在重要时段召开专题新闻发布会、政府召开例行新闻发布会成为常态和惯例，从政府到公众的"高保真"政务信息发布链条已经形成，各级政府新闻发布以更加开放、包容的态度直面舆论关切。经过 10 年的发展，我国政府新闻发布会更加立体高效，态度更加从容，政务信息发布效率进一步提升，政务信息传播力、引导力、影响力、公信力得到显著增强。随着政府新闻发布制度的不断完善，政府新闻发布会已经发展为重要新闻的"第一定义人"，成为提升现代化治理效能、构建主流舆论格局的重要阵地。特别是 2020 年新冠肺炎疫情暴发以来，我国政府新闻发布会已经完成了"我要说"的发布理念调式，"以人民为中心"成为政府新闻发布会的最高政治站位。

目前，学界对政府新闻发布会的研究，主要集中在制度变革、理念转变、能力提升及功能研究四个方面。其中，功能研究中讨论较多的就是新闻发布制度在政府公共关系中所发挥的作用，这些学者关注到政府新闻发布会对建构政府公共关系所发挥

---

① 本文作者：于璇，宁夏大学新闻传播学院副教授。

的积极作用，如"新闻发言人制度还有另外一种功能就是政府公关功能"[①]"政府新闻发布是积极公共关系实践的基本形式"[②]"极大地改变了中国政府的国家形象"[③]"公共关系是获得全面理解战略传播和国际传播能力的有效途径"[④]等观点，均反映出近年来学界对政府公共关系的关注和思考。

2021年5月31日，习近平总书记在主持中共中央政治局第三十次集体学习时指出："我国日益走近世界舞台中央，有能力也有责任在全球事务中发挥更大作用，同各国一道为解决全人类问题做出更大贡献。"随着外部环境的变化，中国政府新闻发布会所蕴含的功能与价值得到进一步释放，政府新闻发布会以其权威发布连接各类信息传播通道，最大限度地降低信息差，提高信息传播效率。在其背后是一套完整的政务信息计算、研判、生产、输出、反馈系统。政府新闻发布会在"发布仪式"之上，通过固定场域和时间窗口，密集输出国家态度与国家立场。

---

① 陈力丹：《论突发性事件的信息公开和新闻发布》，《南京社会科学》，2010年第3期，第49~54页。

② 陈先红、杜明曦：《突发公共危机中地方政府新闻发布的积极公关实践研究———以2020年广东省疫情防控新闻发布会为例》，《暨南学报（哲学社会科学版）》，2022年第4期，第33~47页。

③ 孟建：《国家形象建构与中国政府新闻发布制度》，《国际新闻界》，2008年第11期，第33~38页。

④ 陈先红、秦冬雪：《全球公共关系：提升中国国际传播能力的理论方法》，《现代传播（中国传媒大学学报）》，2022年第6期，第44~56页。

一、以人民为中心的情感连接

新闻发布会是政务信息从政府端到社会端、公众端最短的路径，也是回应公众关切、凝聚共识的重要平台。政府新闻发布会将分散于各个平台、渠道、圈层中的意见信息和社会关切重新聚合到同一场域并进行权威回应，其实质是政府对公共关系的管理。根据统计数据，2021年，国务院新闻办公室举行新闻发布会共计275场，创下了国新办近年来全年举办发布活动场数之最，同时，越来越多的省部级官员及专业人士成为新闻发言人。

新闻发布会经过多年发展，"以人民为中心"所形成的情感连接已经深刻融入新闻发布会全过程。在抗击新冠肺炎疫情、特别重大事故处置、抗震救灾等工作中，密集、权威的政府新闻发布会有效回应了公众关切，"人民"一词也成为发布会全程中的高频词汇，"人民至上、生命至上"原则是新闻发布的主要立场和庄严承诺，同时也是重要的情感纽带。此外，党中央在新闻发布方面也做出了重大改变，2020年10月30日，中共中央举行新闻发布会介绍党的十九届五中全会精神，这是中国共产党建立近百年、执政70多年来的首次。建立中共中央新闻发布制度，是新时代适应形势发展和时代要求，提高党的治国理政能力的重要制度安排和制度创新，同时也是加强与人民的血肉联系，以及对"以人民为中心"的重要践行。

二、以协同共治为目标的价值连接

有学者认为政府公共关系是"侧重于信息的沟通的非宣传性

传播"。[①]但在新闻发布会这一场域中，新闻发布议题研判、口径准备、提问应答、发布体态、发布语态都是政府公共关系的有机组成部分，每一个传播要素都作为一个基本单元参与中国政府公共关系形象的建构。新闻发布会的底层逻辑是建立沟通机制，以追求对话、协调、合作为目标，解决公共事务，提高政府的美誉度。但与西方对政府新闻发布会的功能定义不同，中国政府新闻发布会是"以人民为中心"的协同共治，其目标是构建多方参与协同共治的"同心圆"，这与西方奉行的多元共治出发点与价值立场完全不同。在大气污染防治工作中，生态环境部门以专场新闻发布会及例行新闻发布会为抓手，围绕发布议题做全流程管理，同参与大气污染防治工作的行业专家、媒体专家及环保社会组织保持密切联系、良性互动，通过新闻发布会平台实现对大气污染防治议题的价值互构与意义阐释，为推动社会形成共识、沉淀正向价值发挥积极作用。

三、以技术赋能为纽带的仪式连接

2019 年 1 月 25 日，中共中央政治局在人民日报社就全媒体时代和媒体融合发展举行第十二次集体学习，习近平总书记在讲话中强调，"全媒体不断发展，出现了全程媒体、全息媒体、全员媒体、全效媒体，信息无处不在、无所不及、无人不用，导致舆论生态、媒体格局、传播方式发生深刻变化，新闻舆论工作面临新的挑战"。媒介生态环境的快速变化，政府新闻发布会创新，

---

① 詹文都：《政府公共关系》，华南理工大学出版社，2004 年，第 82 页。

成为前沿技术赋能新时代政府公共关系的主要仪式连接。美国学者柯林斯曾在戈夫曼的"互动仪式"理论之上基于社会结构提出"互动仪式链"学说，而从政府新闻发布的信息互动方式来看，基于情境已经形成了从微观到宏观的互动仪式链，而在这一过程中，前沿技术的应用进一步丰富了新闻发布场域，弥合了因不能在场、无法再现等因素带来的互动行为中断。随着对新闻发言人的要求不断提高，围绕新闻发言人能力提升出现了沉浸式培训，借助技术手段，实景再现模拟演练，实时数据变化增加信息发布压力，还原突发事件新闻发布会全过程。网络技术还为疫情防控下政务信息的顺利发布提供支撑，自新冠肺炎疫情暴发以来，"记者线上提问＋发言人线下回答"的云发布模式一直保障着各级政府新闻发布会的运行畅通。

四、结语

政府新闻发布会创新，是伴随世界格局新变化以及媒介生态环境变迁在政务信息发布方面做出的主动调试，是全媒体时代主流舆论格局构建的重要力量，也是构建新时代中国政府公共关系的实践面向。以人民为中心的情感连接，以协同共治为目标的价值连接，以技术赋能为纽带的仪式连接，必将使中国政府新闻发布会在实现第二个百年奋斗目标的新征程中发挥更大的作用，成为展示中国形象、传递中国声音的重要舞台。

数字移动媒体时代对公共关系的挑战与对策^①

一、题目解读

人们常说进入了"新媒体时代",作为公关人我们理解其含义,但是做学术研究和正式传播时这种说法不够严谨。应该说,进入了"数字移动媒体时代",或者简称"数移时代",更精准、更科学。

首先,根据逻辑学科学定义法,对一个概念下科学定义要依据"属＋种差"的方法。"属＋种差"定义法又称真实定义、实质定义,定义项由被定义概念的邻近属和种差所组成。例如为某个"媒体时代"(属)下定义,"纸、电子、网络、数字"是种差,我们说"纸媒体时代""电子媒体时代""网络媒体时代""数字媒体时代""数字移动媒体时代",这样定义就很明确。

其次,"新"是"旧"和"老"的相对概念,但是"新"有时效性,也不精确。大家说的"新媒体时代","新"的边界在哪里?不好判定。古往今来,每个媒体出现的时候都曾经是"新媒体"。没有种差的定义是不准确的,对于日后记入文献、载入史

---

① 本文作者：李兴国，中央党校（国家行政学院）教授。

册，也会造成麻烦。因此，应多用"数字移动媒体时代"这一更加精准的称谓。

二、时代挑战

现在的时代，科技、硬件发展一日千里，高速、叠加、裂变成为时代关键词，而且通过网络实现了全球互联。以传播为技术手段的公共关系行业的未来前途无量。2022 年，中国成功举办北京冬奥会、冬残奥会，北京成为世界第一个"双奥之城"。200多项科技成果得到应用。创新技术尽展冬奥魅力，人工智能大放异彩。京张铁路上冬奥版 5G 高铁时速 350 千米自动驾驶全球首创。多维度观赛体验和 VR 直播技术亮相，"难以置信的智能床"，智慧餐厅里的"机器人大厨"和勤劳的"AI"24 小时不间断提供各种暖心服务，还真正起到"科技抗疫"作用。与 2008 年夏季奥运会不同，这次中国公共关系协会起到了非常重要的作用，由中国的公关公司来为冬奥做公关服务，协会还组织团队参与总会场的新闻发布等。我国公共关系领域成就繁花似锦，但是还有一些"短板"要补，尤其是人文与管理速度跟不上科技发展。

网络时代的特征之一是"去中心化"。"去中心化"导致社会的"碎片化"。网络大数据微信组群，又把"碎片固化"，形成"信息茧房"。有些研究传播的专家认为，现在到了"无中心、无真相、无法预测"的时代，从一个侧面点出了现在网络世界呈现出来的特点。网络世界的虚拟性、匿名性，以及三观的不同，导致网络谣言难辨、社会危机多发。在现在的网络环境下，如何发挥公关作用、达成共识、赢得公众信赖，需要进一步研究。

在信息纷纭、舆论混杂的时候，人们应该怎么分辨信息真伪，怎样通过公共关系团结群众？面对突发危机，既不要"极右"放任，也不要"极左"，避免误伤好人。领导干部要更新观念，与时俱进，"不忘初心、牢记使命"，加强学习培训。要学习毛泽东主席的"统一战线"理论，"把拥护我们的人搞得多多的，把反对我们的人搞得少少的"[①]。要让好人被当作好人，"好药"被当作"好药"，好政策被当作好政策。

三、对策研究

（一）从"六失到六有"

2000 年，笔者在中央党校的创新工程课题研究项目《互联网时代政府公共关系的对策研究》中提出一个观点：政府公共关系从"六失到六有"。"六失"是失识、失策、失语、失速、失信、失效，"六有"是有识、有策、有语、有速、有信、有效。

失识就是认识不清。首先，理论功底缺失，对马列主义、毛泽东思想的世界观方法论学习不够，对新时代中国特色社会主义的特殊性认识不够。

其次，对公共关系的认知缺失。有的企业、政府干部，对公共关系的认识还停留在初级阶段，不了解什么是公关真谛。例如，把公关当作"包装"，用公关解决危机就是去"抹平、铲平"。

---

① 习近平：《在中央政协工作会议暨庆祝中国人民政治协商会议成立 70 周年大会上的讲话》，中国政府网，2019 年 9 月 20 日。

最后，对数字移动媒体的时代特征和使用方法，以及对数字移动媒体带来的问题应该如何解决方面的缺失。有些人还在用老思路、老方法去碰壁。新办法试了，有的成功，有的失败，也没有及时地总结、推广。

如同革命导师列宁所说："没有革命的理论，就没有革命的行动。"[①] 如果在认识层面有问题，就没有正确的理论，也就没有正确的实践。所以就会失策，不知道该怎么做。不知道怎么做，也不知道该怎么说，就会失语。接下来就会失速、反应慢，"在真理还在穿鞋的时候，谣言已经跑遍世界"，就会导致失信的现象。

如何制止谣言？答案是打开天窗说亮话，阳光底下就没有谣言。要加强对网络空间的有效管理，加强与公众的及时沟通，及时公布真相。用高科技为人民服务。

（二）宣言引领

面对高速发展的科学技术，我国法律建设发展相对滞后。中国人口众多，幅员辽阔，东部沿海地区和西部民族地区发展程度非常不同，要让一条法律同时适用不同地区和民族，制定起来难度极大。但是面对挑战，管理不能真空，因此道德规范的作用就更加凸显。中国公共关系协会的一个重要职责就是规范公共关系行业行为。2008 年，中国公共关系协会颁布了《中国公共关系职业准则》，发挥了良好的作用。如今，十几年过去了，面对数

---

① 张艺兵：《列宁的宣传思想工作理论及其当代价值》，《光明日报》，2020 年 12 月 7 日。

移时代的挑战，中国公共关系协会要更好地引领公共关系行业的规范和道德建设，举旗、树碑，推进行业规范发展。

在数移时代，中国公共关系应该有自己的宣言、誓言，约束和提升中国公关人的职业道德水准，倡导新伦理道德，让公关人明确什么是对的，什么事是应该的，发自内心地抵制各种诱惑、蛊惑，自觉自愿地维护中国公共关系的尊严和纯洁，不瞒天过海，也不打"擦边球"，凝心聚气，战胜数移时代带来的各种挑战。

（三）坚持特色

建议中国公共关系协会牵头协调，研究和建立中国的公共关系理论体系，构建习近平新时代中国特色公共关系的理论体系。针对各种问题，保证研究内容符合时代发展，理论与时俱进，立足中国现实，回答中国公共关系前所未有的难题。

要总结新时代的经验，优选案例，树立典型，找到正确方向，给予社会承认与奖励。中国公共关系协会早在1990年就召开全国公共关系大会，开始设立优秀论文奖，1991年开始设置中国公关优秀案例奖，在协会成立20周年时还设置了最佳案例奖。但是此后遇到困难，所以没有坚持下来。建议恢复传统，面对中国公共关系问题，应该树立在数移时代的行业典型，弘扬正气，鼓励创新，使大家学有榜样、干有方向。

（四）疏堵结合

学习"大禹治水"，疏堵结合，实事求是，因势利导。网络的匿名化，世界的虚拟化，难免鱼龙混杂、泥沙俱下，也不排除敌对势力乘虚而入，对此必须有清醒的认识与措施。对于错误言论，应该坚决删除；对妖言惑众、唯恐天下不乱的坏人，更要坚决打击。对数移时代不能怕、不能躲，要因势利导，迎难而上。2016年4月，习近平总书记在网络安全和信息化工作座谈会上指出，"各级党政机关和领导干部要学会通过网络走群众路线，经常上网看看"。[①] 要敢于作为，打主动仗，不能放弃网络舆论阵地。我们的态度是：敌人磨刀，我磨刀；敌人擦枪，我擦枪；敌人上网，我上网；敌人传播，我传播；敌人讲故事，我们讲故事。

但是也有一些领导干部，因缺乏正确的认识与本领而感到恐慌。既怕犯错误，又不会管理，所以就会懒政，"关总闸"，单纯靠严格检查封堵，使正能量的发挥受到不必要的封杀。因此，要牢记"实事求是""具体情况具体分析"。既要反"极右"，也要反"极左"，不能什么都怕。

我们不上网不等于网络世界就不存在，我们应该主动占领网络舆论阵地。网络也是孟良崮，网络也是上甘岭，网络阵地决定中国的未来。我们要跟比自己强大的敌人血战到底，而不是实行"鸵鸟政策"。

（五）加强人才培训

世间一切事物中，人是第一宝贵的。近年元宇宙热度很高。

---

① 习近平：《在网络安全和信息化工作座谈会上的讲话》，中国政府网，2016年4月25日。

随着互联网的迅速发展，应该加大人才培养力度，全力迎接元宇宙挑战。迎难而上，乘胜进军。

现在最缺乏的是创新人才培养。例如，笔者编写的国家级精品课配套教材《公共关系实用教程》22 年来修订了 6 次，印刷 70 次左右，每次都想找最新最好的案例给人以启迪，传承下去。我们每年评选金旗奖，并在中招等几家招标公司评标，接触过大量最新的公关案例，见过每年最新的公共关系策划，结果发现有创意的不多，砸钱砸媒体的多，拼智慧的少，鲜见让人眼前一亮的案例。

解决以上一系列问题的关键，在于提高认识、培养人才。如公共关系初创时期，我们普及公共关系，培养了大批公关精英骨干。21 世纪又培养了大批新闻发言人，成就显著。目前，要办"公关抗大"，主攻数移时代带来的一系列问题，不仅要面向公共关系行业，同时要面向全国的领导干部，给他们充电助力。再一次用信仰把沙子拧成绳子，使我们的领导干部和我们的公关事业，无论是在现实世界还是在元宇宙都能一往无前。

人工智能技术下公共关系的机遇、挑战及对策 [1]

一、人工智能的定义及特点

（一）人工智能的定义

人工智能的英文缩写为 AI，它是研究、开发用于模拟、延伸和扩展人的智能的理论、方法、技术及应用系统的一门新的技术科学。[2] 人工智能是模拟人的意识、思维的信息过程的计算机科学分支。

（二）人工智能的特点

1. 智能化

人工智能是在理解人类思想与行为模式的基础上，用与人类

---

[1] 本文作者：姚利权，传播学博士，浙江工业大学人文学院广告学系主任、副教授、硕士生导师；胡洁，浙江工业大学 2021 级新闻与传播硕士研究生；蔡静雯，浙江工业大学 2021 级新闻与传播硕士研究生。

[2] 谢景芬：《人工智能时代的公共关系对策》，《国际公关》，2019 年第 1 期，第 92~93 页。

智能相近或类似的智能机器人代替人工，以实现相关领域的工作。2021 年 4 月 24 日，中国火星探测工程联合百度发布的全球首个火星车数字人"祝融号"亮相。在口型、动作、表情等细节上，火星车数字人的准确率接近 99%，"祝融号"未来还将应用于知识科普、虚拟主持等多个场景。[①]

2. 工具化

人工智能运用的出发点和目的是替换或替代人类的行为缺陷，这是人们实现预定目标的一种手段和方法。在 2018 年两会前夕，新华社"媒体大脑"从 5 亿个页面中筛选、梳理出了两会舆情热词，并制作出第一个关于两会的 MGC（机器生产内容）视频新闻——《2018 两会 MGC 舆情热点》，聚焦网友关注的两会话题，从观众的"注意点"中寻求新闻信息的价值，改变了以往单一的信息源，拓展了新闻价值点，使报道更为精准。

3. 科学化

要实现人工智能的目标，必须借助机器人、语言识别、图像识别、自然语言处理等科技手段与方法。

二、人工智能技术下公共关系面临的机遇

随着人工智能技术的不断发展，公共关系领域也深受影响。

---

① 《中国火星探测工程联合百度打造"萌物"亮相，火星车数字人"祝融号"来了》，腾讯网，2021 年 4 月 26 日。

本文将公共关系情境中的人工智能定义为：独立或与公共关系从业者一起，在开展公共关系活动中所形成的人形认知技术或人形认知功能。公共关系中的人工智能是一种综合性的智能，可以整合人类无法全部掌握的综合信息，这种高效协调将在公共关系中发挥重要的作用。[①]

（一）危机传播：加快危机公关速度

随着人工智能技术进入公共关系领域，其公共关系的升级可体现在危机预警管理、危机管理策略框架及危机演练等内容之中。比如在危机预警方面，政府可以通过监控社交媒体来预测媒体的报道趋势，判断是否影响社会情绪，从而及时进行危机公关。

（二）品牌管理：优化品牌价值评估

当下，许多企业把握人工智能的变革机遇，利用大数据、人工智能技术全面、快速地获取互联网中的用户信息，并对每一位消费者、每一个产品甚至每一次营销活动都进行系统化的数据分析管理，帮助企业洞察品牌塑造过程中风控、营销、公关、市场等，利用技术创新来优化品牌价值评估，提升品牌价值。

---

① 张敏：《人工智能在公共关系领域的应用研究》，《长春理工大学学报（社会科学版）》，2019年第4期，第95~99页。

（三）组织顾问：提升公关工作效率

随着技术的不断发展，人工智能在组织中的应用能够为人际关系协作和企业内部运作带来诸多好处。人工智能将来可以在公共关系领域充当组织顾问的角色，例如可以帮助公共关系从业者模拟工作场景、准备媒体会议、策划头脑风暴或辩论活动等。[①]

（四）智能教学：革新课堂听课感知

人工智能不仅是一项新兴的技术，还可以作为一种学习工具与手段融入教学活动之中。人工智能可以在公共关系教学中发挥独特的作用，使教学流程、效果都得到进一步优化，既能够协助公关教学，又推动了公关领域教学理念的转变。

（五）情绪调适：改善个体工作情绪

在新的竞争环境下，情绪控制力对职场和市场的作用越来越突出，一名优秀的公关从业者应当具备良好的心理状况和情绪管理的职业素养。人工智能发展至今，已经能够对公共关系从业者在工作时个人情绪的处理给予引导和帮助。情绪智力被认为是通过媒体技术解释情绪、情感、意图等能力的逐渐提高而产生的

---

① 张敏：《人工智能在公共关系领域的应用研究》，《长春理工大学学报（社会科学版）》，2019 年第 4 期，第 95~99 页。

"情绪人工智能"，这是一种同理心的技术形式。①

（六）沉浸互动：增强双方信任关系

信任关系是现代公共关系质量的关键，而互动体验感的强弱将决定信任度的高低。以虚拟现实技术和增强现实技术为例，这种高科技集合了人工智能、人机交互、计算机图形学、网络并行处理、传感和集成技术等多个领域的前沿科技，通过模拟生成高度逼真的现实三维场景，让受众以"第一人称"的视角进行沉浸式体验。②

三、人工智能技术下公共关系面临的挑战

同其他任何科技的发展一样，人工智能也具有两面性。人工智能技术给公关管理的变革升级带来许多机遇。但当前的人工智能算法尚不够完善，还存在算法偏见、预测偏差和不透明等风险，这也唤起了人们对于人工智能可能给公关领域带来各种风险和威胁的担忧。

---

① 张敏：《人工智能在公共关系领域的应用研究》，《长春理工大学学报（社会科学版）》，2019 年第 4 期，第 95~99 页。
② 强安妮、陶鑫：《新媒体公共关系的技术依赖、调优策略及研究反思》，《传播与版权》，2021 年第 9 期，第 45~48 页。

（一）人工智能写作替代真人创作，从业者面临岗位退场危机

虽然像机器人写作这样的技术不能在一段时间内取代人类，但从业者也应当产生岗位被替代的危机感。低级工作被替代，意味着从业人员必须把更多的精力投放在更高层次的工作中，其能动性和公关专业素养就变得尤为重要。同时，对职业要求的提高也会促进人们不断地学习、思考、进步。

（二）技术理性凌驾价值感性，公关桥梁面临坍塌风险

公共关系依靠的是"相互间的良好交流"，让品牌和利益相关者之间建立起一种纽带。如果频繁采用人工智能来传递信息，可能会降低联系的紧密性。

此外，在传统的新闻生产中，作为"守门人"的新闻媒介从业人员，具有较高的职业素质、价值判断能力，以及突出的职业道德和社会责任意识。而算法推荐机制的使用，使基于用户个体偏好的技术筛选更加突出，这不仅会导致信息茧房之下受众个体新闻价值感知能力的弱化，"算法黑箱"的存在也会以一种不易觉察的方式给社会带来更多偏见与歧视，阻碍真实世界的呈现，容易导致新闻价值的重要性被湮没。

（三）互联网技术更新迭代，学科理论面临范式危机

智媒时代，受技术变革的冲击和影响，现代公共关系正面临着一种新的理论范式危机。人工智能、5G、VR/AR、云计算等

革命性技术层出不穷，在实践应用中与新媒体及新闻传播行业深度融合，对现代公共关系领域的已有研究理论提出了挑战。新媒体公共关系理论研究需要超越显性的表层范式危机，从技术哲学思域路径出发，突破原有理论框架的束缚，多维度地思考未来发展，或有助于研究者的视角拓展和理论创新。[①]

（四）人工智能加速隐私泄露，数据安全面临严峻威胁

公关主体依靠数据挖掘优化公关效果。然而，人工智能的蓬勃发展离不开海量数据的支撑，要实现对于用户的精准描绘，就必须挖掘、收集、分析大量用户信息，这就导致在技术运作之下的大数据世界中，用户个人的隐私逐渐被让渡出来，隐私泄露和数据安全等问题越发严峻。

四、人工智能技术下公共关系发展的对策

（一）运用人工智能技术，建立舆论智能传播流

运用人工智能技术，在舆论传播的智能感知、智能推理、智能学习、智能行动等应用领域，积极寻找在动机维度、目标维度、内容维度的传播规律，寻找促使舆论扩散流变的"舆论粒子"。通过智能算法与推荐，引导舆论流向和流量，促使正

---

① 强安妮、陶鑫：《新媒体公共关系的技术依赖、调优策略及研究反思》，《传播与版权》，2021 年第 9 期，第 45~48 页。

能量"舆论波"的产生，最终形成跨越时空的为我所有的"舆论场"。①

（二）运用区块链技术，建立舆论区块链生态位

舆论区块链是一种"区块链＋媒介"的应用创新，它可以在匿名的、信任缺失的网络环境中，建立起一套可信的文化传播体系，从而在舆论场占据最有利的生态位置。主要可以从舆论信源认证、谣言自净平台建设、知识产权的运营、泛内容生产平台、媒体融合区块链、区块链智慧社区建立、舆论公信力评估等多方面应用，打造舆论区块链生态圈，为媒体融合开辟全新路径。②

（三）通过跨媒体叙事，建立创新型舆论传播方法体系

要策划最适合产品的公共关系传播活动，最为关键的就是变革传统叙事方式，创新叙事策略，依靠跨媒体传播，即"元故事＋多媒体平台＋互文性叙事＋互动式参与＋沉浸式体验"公式，建立起一套更为科学、完善的创新型舆论传播方法体系。

（四）通过人才队伍培养，建立"PR+AI"专业型团队

目前我国对于公关行业专业人才的培养仍然缺乏创新性和突

---

① 陈先红、宋发枝：《互联网新技术背景下的舆论传播策略》，《武汉理工大学学报（社会科学版）》，2019 年第 3 期，第 1~6 页。
② 同上。

破性，难以适应人工智能时代下对于公关人才的新要求。建议大学公共关系专业适当增加计算机专业课程，将计算机技术融入公共关系领域，培养复合型人才，在未来打造一支"PR+AI"（公共关系＋人工智能）的专业型团队。同样，业界也应调整人力资源策略，尤其是对数据人才的培养和挖掘。

企业（非公关行业）

新媒体时代，公关人如何创造价值[①]

在传播渠道不断迭代的过程中，万变之中始终不变的是人对"沟通"的需求，以及企业进行"价值创造"的本质。如何利用数字化技术去解码受众更加多元化、个性化的需求，如何利用纷繁复杂的新媒体去传播企业的核心价值，为企业创造可持续、可复利的品牌价值，势必成为新媒体时代每个公关人必须深度思考的问题。

第一，讲"好故事"并且能"讲好故事"。在所有优秀的整合营销传播案例中，一个共同特点是能讲"好故事"并且能"讲好故事"。随着数字化和营销更加紧密的结合，品牌营销团队通过私域运营、大数据积累了大量的用户需求、特征以及对品牌的认知，公关人需要将这些碎片化的信息提炼成满足目标受众需求的"好故事"，还需要通过他们听得见、看得着的渠道"讲好故事"，形成口碑传播和裂变传播，实现品效合一。

第二，回归价值传播。在注意力经济时代，注意力是最稀缺的资源，"酒香也怕巷子深"。在经历了过去几年"流量为王"的大起大落之后，众多新崛起的国货品牌也逐渐意识到，如果没有

---

① 本文作者：梁利华，华平投资高级副总裁、中国及东南亚地区市场推广及公共关系主管，全球 ESG（环境、社会和公司治理）委员会成员。

品牌的美誉度、备受认同的企业文化，以及客户的忠诚度来支撑，短时间的快速增长是难以为继的。从追求数量到突出质量，从"价廉物美"到"价值认同"，品牌传播正在全面转向"价值回归"。

第三，应对危机的"软"实力。在新媒体时代，手握自媒体利器的群众比以往任何时期都更加强大，也更容易受到"群体极化"情绪的影响。与此相对应的是企业在舆论场上的全面势弱。面对发生频率更高的公关危机事件，我们很遗憾地看到，很多企业的公关团队表现得惊慌失措，采用的是传统传播生态的应对方式，将弥足珍贵的时间花在删帖或者盲目辟谣上。他们不去认真思考如何用更加适应现代舆论环境的方式应对公众的负面情绪和诉求，也不知道如何管理好公司高管"客串"公关经理的冲动，不专业、不成熟的"大招"层出不穷，结果是企业多年辛苦积累的品牌公信力瞬间瓦解。这种现象在令人扼腕痛惜的同时，也暴露了新媒体时代公关从业者需要不断提升自我以及企业现代公关体系建设的紧迫性。

一、讲"好故事"并且能"讲好故事"

讲"好故事"是公共关系行业的基石。首先，"好故事"需要讲给对的听众。企业的听众或利益相关方，通常包括用户、股东、员工、代理商、合作者、竞争对手、政府、NGO（非政府组织）等。讲故事的方式和故事的本身应该针对听众做出规划。本文重点探讨数字化驱动下的整合营销传播趋势，以及这一趋势对公关行业从业者的影响。

整合营销传播之父、美国西北大学整合营销传播教授唐·舒尔茨在他的经典著作《整合营销传播》中指出，数字化正在导致传统产业的边界重新排序，新的竞争维度来源于大数据、移动化和 AI 能力。借助数字化与营销的结合，很多品牌和公关人往往能获取更多对用户的一手信息。难点在于如何将这些碎片化的信息和统计数据转换为企业的竞争优势，对于公关人而言，就是要提炼出"好故事"。

以华平的被投企业妍丽在 2022 年"三八妇女节"配合营销活动推出的《创作美丽》系列短视频为例。妍丽是中国第二大美妆连锁品牌，过去两年，妍丽对门店以及业务中台进行了全面的数字化升级，通过将全景数据和第三方数据接入妍丽数据中台，为公域营销和私域营销提供智能决策依据。根据大数据和技术分析，妍丽完成了对核心女性用户的画像，了解她们对妍丽品牌的认知。妍丽的女性用户对"美"的理解是非常个性化的，她们选择妍丽，看中的是其专业、小众、轻奢美妆品牌护肤美妆集合店的品牌形象，而这与美妆市场上数量众多的大众品牌集合店形象有很大的差别。

基于这样的用户洞察，妍丽提炼了数个以"创作美丽"为主题的短视频故事，向女性用户传递了妍丽对于"美"的独特视角，即"美"本就不应该是千篇一律的，每个人都在生活的每时每刻创作着美丽，这种美丽不受年龄的限制，不是外表的形容词，更无关你的身份。形式上，妍丽没有采用哗众取宠的方式去吸引目光，而是选择了清醒温暖的镜头语言去展现"美丽"的瞬间，让用户感同身受，甚至从中找到生活中自己的影子。

二、回归价值传播

在新媒体时代，在更加激烈的竞争环境中，未来企业品牌力将更多体现在能否为品牌注入灵魂上，其核心不仅在于通过新媒体拉近品牌与消费者之间的距离，更重要的是不断地提炼和丰富品牌的内涵与文化，长久有效地激发与消费者之间的共鸣。

为此，公关从业者要从"产品""流量"思维，转变为"价值"思维，通过继续传播品牌的精神内涵，以及企业的价值、理念、文化，促进品牌价值提升，释放品牌价值张力，提高品牌溢价，牢牢占据目标用户心智。

以元气森林为例。元气森林的主要客户群体是 Z 世代年轻人，相比较满足于物质层面需求的上一代，Z 世代年轻人更加追求产品以外的附加价值，他们不仅追求口感和味蕾上的享受，也更加容易被精神层面的价值吸引，比如健康、绿色。这使他们正日趋成为绿色消费、低碳消费的践行者。

元气森林的传播策划从文案、形式、渠道等方面，全方位突出高颜值、年轻化的品牌形象，呼应了年轻消费者既想喝"快乐水"，又想追求健康的新消费观。与此同时，顺应消费者对于绿色环保的诉求，着重宣传其在包装材料上使用更环保且利于回收的材料。

三、应对危机的"软"实力

新媒体不仅改变了人们的沟通方式，还颠覆了传统的社会传播格局，原先建构在传统公关语境下的传播模式正在逐渐被解构。厦门大学新闻传播学院的邹振东教授在《弱传播》一书中指出，现代生活中的强者正在沦为舆论场上的弱者，而现代生活中的弱者正在成为舆论场上的强者。企业是现实中的强者、舆论场上的弱者，消费者是现实中的弱者，却是舆论领域的强大力量。而现代传播要想取得最有效的传播，就必须以弱者的身份与消费者建立联系。

为了更好地说明这个强弱转换的趋势，以及如何在新媒体时代进行危机管理，笔者用颇受关注的某品牌"日本军服"公关危机事件来分析。

2022年某品牌因"日本军服"事件被推上舆论的风口浪尖。事情曝光后的一系列品牌方回应，没有挽回此次风波对品牌造成的负面影响。严格来说，品牌方没有意识到，这种应对方法已经无法与自媒体时代的舆论环境相匹配，企业如果还沿用旧有的危机公关应对模式，认为可以通过消费者教育等方式让人们转移注意力，认为要不惜一切代价维护品牌形象，势必会激发虚拟社群中的"群体极化"现象。事实上，对弱者的同情、对权威的挑战是网络舆论常用的道德预设，也往往能够引起广大民众的认同和共鸣。

四、新媒体时代对公关人的素质和现代企业公关机制建设提出更高要求

新时代的公关从业者不仅需要拥有传统公关人的一系列核心素养，包括丰富的媒体经验、良好的写作功底、对公司业务及行业的深刻理解、广泛的人脉资源，还需要有针对性地培养和建立

对不同的新媒体渠道的认知，具备新媒体内容的创作能力、风险的预判能力、针对不同利益相关者多样化诉求的共情力。

从企业层面来说，现代企业的公共关系体系建设将更加重要。企业需要建立完善的公司口径管理和详细的危机应对机制。比如，危机公关预案需要确定危机发生后的第一位发言人，提前对公司的管理团队及相关部门负责人进行危机公关的系统培训和演练。危机管理小组通常是舆论危机管理的最高级别组织，并且由领导人直接参与或授权。在这种管理下，任何人在公司层面上对事件发表评论时都必须保持一致的口径。而在公司的最终口径出来之前，每个人都应该保持沉默。

连接人民，企业公共关系助力中国式现代化 [①]

　　党的二十大报告全面擘画了建设社会主义现代化强国的战略目标和宏伟蓝图，深刻阐释了中国式现代化的丰富内涵、中国特色和本质要求。创造物质财富的企业是助力实现中国式现代化的重要力量，也是中国式现代化的载体之一。新时代、新征程，从中国制造到中国创造，从中国速度到中国质量，从中国产品到中国品牌，中国企业的公共关系不仅要推动企业发展、提升企业形象、讲好企业故事，更要与广泛的人民群体、社会大众同频共振，积极融入中国式现代化的发展脉络，从企业实体的角度与新时代同行，讲好中国故事。

一、企业公共关系天然具有"人民性"

　　一方面，中国式企业公共关系的根本在于人民。中国式现代化的本质就是坚持以人民为中心，人民对幸福生活的向往是推动人类进步最持久的力量。2014年10月，在文艺工作座谈会上习近平总书记指出，"人民不是抽象的符号，而是一个一个具体的

① 本文作者：盛瑞生，平安集团董秘兼品牌总监，中国公共关系协会副会长。

人，有血有肉，有情感，有爱恨，有梦想，也有内心的冲突和挣扎"。尊重人民主体地位，维护人民合法权益，实现人民利益诉求，是我们党的根本价值导向。企业要把坚持以人民为中心落实到自身的高质量发展中，企业公共关系要主动构建以"人民性"为中心的企业沟通体系。

另一方面，企业公共关系服务最广泛的人民群体。要坚持发展为了人民、发展依靠人民、发展成果由人民共享。新时代企业公共关系要面向最广泛的人民群众，包括客户、员工、股东及履行社会责任时所涉及的其他利益相关者和影响社会的方方面面，建立深度沟通。企业公共关系要奋力讲述"人民故事"。在中国式现代化发展的宏大进程中，企业不仅要关注自身的经营成果，更要放眼社会发展、行业进步以及人民对美好生活向往的叙事框架，在更广泛的人民群体中寻求价值同频点，积极融入中国式现代化的故事脉络，以企业的行动丰富中国式现代化的故事细节。企业公共关系要助力讲好"中国故事"。中国已成为世界经济链条的重要部分，中国的新发展为世界提供新机遇，中国企业从产品出海发展到品牌、服务出海。中国企业公共关系心怀世界，助力讲好"中国故事"，是展现可信、可爱、可敬的中国形象的必然要求。

二、中国式企业公共关系要打造人民的"连心桥"

中国式现代化是以人民为中心、全体人民共同富裕的现代化。这是中国式现代化与西方现代化的根本区别。助力实现中国式现代化，企业公共关系也要创新探索一条具有中国特色的公共关系新路径。公共关系的基本概念是百年前的西方舶来品，过去更多基于企业治理的角度，偏向公司内部的立场。中国式企业公共关系既是"连接器"，更是"连心桥"。新时代企业公共关系的人民性体现在人民立场和人民情怀上，强化与客户、员工、股东及社会各界等最广泛人民群体的连接。从过去聚焦客户及利益相关方，扩展成多维双向、面向大众的"连接器"；从过去单向翻译企业声音，升级成双向沟通、倾听人民的"连心桥"。

第一，以客户为中心的聆听。企业公共关系要收集客户多元的需求、积极的建议和负向的批评，不断督促产品、服务部门注重客户体验的提升，保护消费者的合法权益，以企业产品创新和服务升级来回馈客户的诉求。

第二，积极的员工沟通。企业公共关系要提升员工的文化认同，塑造内外如一、知行合一的价值观，使企业成为员工安身立命的家园、事业发展的平台、自我实现的舞台。

第三，为股东创造价值。企业公共关系要确保多维度的投资者沟通渠道畅通，传递高效的公司治理、清晰的发展战略、透明的财务信息，助力股东回报提升。

第四，深度连接社会大众。企业在追求商业绩效的过程中，公共关系要主动响应社会重大关切，并以公益慈善、ESG 等方面的行动，为社会发展、共同富裕做出贡献，这也是新时代企业公共关系的应有之义。

三、以人民为中心，践行中国特色的企业公共关系新路径

第一，塑造公共关系的价值导向，实践金融工作的人民性。

以助力中国式现代化迈进新征程为起点，平安集团公共关系正积极践行具有中国特色的企业公共关系新路径。打造连接企业与最广泛人民群体的桥梁，讲好金融为民、报效社会、建设国家的立体故事，传达以满足人民对美好生活的向往，以实现中华民族伟大复兴为己任的企业愿景。具体而言，要做好四大人民群体的深度沟通和立体连接。

第二，以人民的需求为基本点，传播战略回应人民向往。心怀国之大者，不负民之所望。基于对中国广大市场及亿万消费者的深刻情感和长期洞察，平安集团不断强化金融服务功能，确立"综合金融＋医疗健康"双轮并行、科技驱动战略，回应人民对稳健金融保障和专业康养服务的关切。综合金融平台为客户提供"省心、省时又省钱"的一站式金融体验，"保险＋健康管理、保险＋居家养老、保险＋高端养老"的全生命周期养老体验解决长寿时代的医养之忧。

第三，善于倾听客户的声音，专业让金融服务更简单。平安公共关系立足基层一线，倾听亿万客户的心声，协同业务主体从根本上破解客户的"急难愁盼"。客户的所思所想、所忧所虑，是平安公共关系聆听的主要内容。曾经有一段时间，老百姓对保险业最多的抱怨是"理赔难、理赔慢"。我们的聆听最终转化成服务创新：平安在 10 年前率先承诺车险服务"三天理赔"，倒逼内部运营体系改善，并一步步提升到两天赔付、一天赔付、秒赔、闪赔……中国保险业的理赔时效由此跃升到全球最高水准。

第四，以价值观认同为落脚点，文化理念凝聚百万员工。企业文化也是企业公关的一部分，帮助对内凝聚共识，树立员工的品牌自豪感；对外身体力行，每位员工都是公司文化和品牌理念的传播者、践行者。我们的品牌口号是"专业，让生活更简单"。平安集团的专业，是倡导员工成为最专业的金融顾问、家庭医生、养老管家；平安集团的简单，是帮助客户把复杂的事情简单化，专业的事情通俗化，烦琐的事情便捷化。客户就是人民，员工在服务好人民的过程中，找到自己安居乐业的归依，实现个人价值最大化。

第五，以股东回报为着力点，确保人民共享企业发展成果。投资者关系管理是投资者参与公司治理、实现权利保护、获得合法收益的重要途径。作为典型的混合所有制公众上市公司，平安集团的股份持有者超过百万。本着合规、客观、一致、及时、互动和公平的原则，平安投资者关系致力于通过提高公司治理水平，制定前瞻战略，以稳健的财务绩效回报股东。上市以来，我们持续召开业绩报告发布及股东大会近百场，线上、线下多种形式路演沟通上千次。平安连续 10 年提高分红水平，2012 年以来累计分红 21 次，总额达 2 383.72 亿元，启动两次股份回购，金额超 110 亿元。

第六，以人民对美好生活的向往为根本出发点，积极践行企业社会责任。中国式的企业公共关系，置身于最广泛的社会环境，要求我们以企业公民的人格化形式，积极履行社会责任，输出正向的价值观和高尚的精神追求。平安企业公关既是企业践行社会责任的沟通者、传播者，更是身体力行社会公益、绿色发展的策划者和躬行者。深耕教育公益，创新志愿服务。中国平安累计援建希望小学 119 所，捐助智慧小学 1 054 所，支教志愿者服务时长总计超 37 万小时。目前，平安志愿者协会已成立 20 个专业公司的志愿服务组织，员工和代理人志愿者达 57 万人，在无偿献血、急难救助、安全守护、公益捐赠等各个方面都可以看到平安志愿者的身影。从脱贫攻坚接续到乡村振兴，中国平安"三村工程"累计提供扶贫及产业振兴资金近500亿元。倡导ESG理念，践行绿色金融。截至2022年第三季度，平安绿色投融资规模约3 198亿元，负责任投融资规模超1.62万亿元，ESG评级位居国际、国内双一流水平。

综上所述，连接人民，企业公共关系在中国式现代化的征程中大有作为。践行高质量发展理念，致力于中国式现代化建设的中国企业需要良好的社会公共环境。中国企业的公共关系工作必须以广泛的人民利益为导向，从传统的传声筒，升级到连接器，善于倾听人民的声音，努力为客户、员工、股东及社会排忧解难，利用公共关系的专业能力构建与时代同行、与人民相连的桥梁，为助力中国式现代化建设，为实现人民对美好生活的向往，为中华民族伟大复兴做出更大更积极的贡献。

全面价值领先，推动新时代企业创新发展 [①]

党的二十大擘画了以中国式现代化全面推进中华民族伟大复兴的宏伟蓝图。以乳业为例，它覆盖第一、第二、第三产业，跨度大、链条长、环节多，连接着千千万万的农牧民和十几亿消费者，与上下游一同步入中国式现代化建设的新征程，是乳企共同肩负的重要历史任务。作为中国乳业龙头，伊利的全球合作伙伴有 2 000 多家，遍及六大洲，分布在 39 个国家，旗下产品销往 60 多个国家和地区。如何平衡好、协同好众多相关方，对企业保持稳健经营至关重要。伊利认为，实现与各方共生共赢，做好公共关系的管理，一直是企业持续、健康发展的重要工作。

2021 年 11 月，伊利集团发布了"全面价值领先"目标，即面向 2030 年，除了实现既定的中长期目标外，伊利将以高质量发展为主线，实现"消费者价值领先""社会价值领先""员工价值领先""企业价值领先"的四大价值领先目标，推动企业健康、可持续发展。在伊利看来，只有不断追求全面价值领先，才能持续地为消费者、员工及所有相关方创造价值，实现共赢，建立不断向好的公共关系。

---

① 本文作者：张轶鹏，伊利集团副总裁。

一、给消费者满分宠爱，做大家的"心头爱"

数字化时代下，消费者是人、货、场的核心。伊利认为应从产品、服务、品牌形象等方面，持续满足全年龄段、各圈层、各场景消费者的多元化需求，为消费者创造价值才是企业成长之源。

在2021年"双十一"期间，伊利位居全网常温酸奶、有机牛奶、无乳糖品类、儿童奶品类销量第一。长期以来，在中国乳品市场中，伊利稳居市场占有率第一。2022年6月，凯度消费者指数发布了《2022年品牌足迹》中国市场报告，伊利凭借92.4%的品牌渗透率、近13亿的消费者触及数，连续多年位居中国市场消费者首选品牌榜榜首。

伊利为什么行？答案是"以消费者为中心"，成为消费者的真爱粉丝。在研发每一款产品时，伊利都坚守品质、拥抱创新，从粉丝追星的角度不断满足消费者多元、高品质的健康新需求，打造卓越的产品力。比如，常温酸奶安慕希就是一款精准洞察市场、不断满足消费者需求的明星产品。通过消费者体验平台，我们根据消费者的个性化需求持续推动产品创新，保持着每月推出1~2款新品的高频节奏。这种"以消费者为中心"的不断创新，使这款产品年销售额超过200亿元，赢得了广大消费者的信赖和喜爱。

未来，伊利将继续加强产品功能与消费者情感的有机结合，不断满足消费者对营养和健康的多元需求，从而实现消费者满意度、品牌价值和市场渗透率的持续领先。

二、践行可持续发展，与合作伙伴共同成长

当前，国际社会已就碳中和达成共识，并采取切实行动。乳业碳足迹覆盖种植、养殖、加工、物流、销售等众多环节，只有全产业链实现绿色管理，才能加速绿色低碳发展。伊利一直将可持续发展理念贯穿于生产经营全过程。而作为行业龙头，创造社会价值，打造社会型企业同样是企业发展不变的初心。

作为行业内最早发布企业公民报告、第一家将联合国可持续发展目标落地的企业，伊利始终践行"绿色产业链"战略，已连续12年开展碳盘查，运用5G、物联网、人工智能等数字化技术建设绿色智慧牧场、领先的零碳工厂，发起产业零碳联盟，发布零碳路线图，带动全产业链共赴零碳之约。

伊利在发展过程中，始终帮助、带动产业链合作伙伴共同成长，实现互利共赢。2014年至今，累计带动全国500万养殖户和农牧民走上增收致富的道路。如今，伊利把促进共同富裕作为社会价值领先的一项重任，在寻求企业高质量发展的同时，推动产业链共赢，助力企业员工、产业链合作伙伴实现共同富裕。

三、为员工撑起"一片天"，提升员工价值感

伊利认为，要实现"员工价值领先"，就要不断提升员工的价值回报，形成强大的外部吸引力和内部凝聚力，与此同时，企业尊重每一位员工的价值，为优质人才开辟成长的通路，践行以人为本的人才管理理念，让每一位员工都有满满的获得感、归属感。

伊利很早就提出"尊重人、凝聚人、成就人"的人才理念。目前，伊利的"春雨计划"已经升级到 10.0 版本，从职业辅导、各项激励、多元福利、开放创新的工作氛围等多个层面，为员工提供关怀，像雨露一样滋润伊利人的心田。新冠肺炎疫情发生后，面临企业经营压力，伊利毅然提出"省什么钱也不能省员工的钱"，继续为员工涨薪，让风雨中拼搏的伊利人感受到温暖。

四、为投资人创造价值，后千亿时代再创新高

作为亚洲唯一的年营收破千亿元的乳企，伊利从高质量发展能力价值领先、经营业绩领先和股东价值领先三个方面构建企业价值的全面领先。实现企业的高质量发展能力领先，产品品质始终是根本。只有提升品质管理能力、创新能力、数字化运营能力，才能为消费者提供最优质的产品和服务，才能实现经营业绩领先，才能保障企业以稳健的速度良性发展，不断为股东和投资者创造价值。

此前，伊利公布 2022 年前三个季度业绩表现，营业总收入达到 938.61 亿元，归母净利润 80.61 亿元，连续 29 年持续稳健增长。伊利以自身的稳健带动了产业链上下游的平稳发展，真正发挥了行业压舱石的作用，保护了行业可持续发展的根基。

新征程，各行各业都在发挥能动性、创造力，以奋进之姿推动中国式现代化。伊利愿以"全面价值领先"目标为引领，持续为消费者、员工及所有相关方创造价值，以高水平的公共关系，推动行业高质量发展，助力实现"让世界共享健康"的梦想。

价值融通，发挥旅游央企独特优势 [①]

2017 年 9 月，习近平主席在向联合国世界旅游组织第 22 届全体大会致贺词时指出，"旅游是不同国家、不同文化交流互鉴的重要渠道"。旅游与公共关系相互依存，相互促进。一方面，公共关系的理论和实践在市场营销、大众传播、品牌打造以及构建更加和谐的市场主体与消费者、股东、员工、政府、同行关系等领域，对旅游的生产经营和事业发展发挥着支撑作用；另一方面，旅游活动在推动对外交往、文化传播、人心融通等方面，发挥着独特的作用，更大范围地促进和改善公共关系。旅游公共关系也是公共关系事业的重要组成部分。党的二十大开启以中国式现代化全面推进中华民族伟大复兴的新征程，旅游业必将凭借其产业关联度高、就业安置空间大、能源资源消耗少、民心纽带作用强的行业特点，在推进中国式现代化进程中发挥更大的作用。中国旅游集团作为唯一的以旅游为核心主业的中央企业，将坚决贯彻落实党的二十大精神，立足央企的职责使命，发挥旅游的独特优势，为中国公共关系事业注入新动能，为中国式现代化创造良好的外部环境。

[①] 本文作者：吕友清，中国旅游集团党委副书记、董事，中国公共关系协会副会长。

一、立足国之大者，牢记初心使命

党的二十大报告指出，"中国坚持对外开放的基本国策，坚定奉行互利共赢的开放战略"。面对"人类向何处去"的时代之问，以习近平同志为核心的党中央创造性地提出了推动构建人类命运共同体的重大倡议，全面推进中国特色大国外交。国之交在于民相亲，民相亲在于心相通。旅游作为一种跨文化交流活动，有着弹性、灵活、植根于民众的鲜明特点，是传播文明、交流文化、增进友谊的重要桥梁，是助力国际交往、加强中国与世界互动、促进良性公共关系建设发展的重要渠道。

在 2022 年北京冬奥会上，中国旅游集团作为赛会服务商，为来自国内外的 90 个代表团的上万名参赛人员和工作人员提供"吃住行旅"综合服务，专门将建立和维护国际公共关系融入服务保障的全流程和各环节，以优质、专业、高效的服务，赢得了包括美国等西方国家的一些"刺头"运动员在内的世界各地代表的普遍认可和主动点赞，体现了中国真诚待客之道融通人心的感染力。

2022 年恰逢中德建交 50 周年，德国总理朔尔茨成为中共二十大召开后首位来访的欧洲领导人。在幕后，中国旅游集团下属德国柏林中国签证申请服务中心克服时间紧、任务急的挑战，第一时间为德国随行团组开设了赴华签证免费办理专场，为中德友好关系做出了点滴贡献。

未来，中国旅游集团将牢记"旅游报国、服务大众"的使命，总结提炼服务保障国家重大对外交往活动的经验，进一步优化固化服务流程和服务标准，打造具备独特竞争力的高品质服务体系，推动更多跨国跨区域人文交流，更好服务国家公共关系事业。

二、弘扬中国文化，当好文明使者

党的二十大报告指出，"坚持以文塑旅、以旅彰文，推进文化和旅游深度融合发展"。文化文明因交流而互鉴，公共关系因交流而融洽。中国旅游集团积极贯彻落实习近平总书记关于"讲好中国故事，传播好中国声音"的指示精神，以旅游为载体促进文化交流，推动公共关系发展。

集团克服疫情影响，连续两年成功举办"驻华外交官'发现中国之旅'"活动，深受各驻华使馆外交官的欢迎，被评为中宣部2021年度优秀国际传播案例。

集团作为旅游龙头企业，业务涵盖"吃住行游娱购"全要素，业务遍布世界五大洲100多个国家和地区，是直面普罗大众的窗口单位，在海外也是中国服务和中国文化的形象代表。

集团自觉把传递文化、播种文明作为拓展公共关系的核心任务和社会责任，推动"文明旅游"深入人心，弘扬"红色旅游"中的革命文化，坚持"诚信经营、优质服务"，净化和引领行业风气，赢得了海内外广大消费者的认可和信赖，树立了中国企业负责任的良好公众形象，集团连续多年位列中国企业300强社会责任发展指数前30名。

未来，我们将发挥全球布局广、对客窗口多的优势，利用好国内国际各类交流合作平台，在建立和维护公共关系的过程中，更广泛地传播中国优秀文化，更加展示中国文明形象。

三、发挥香港优势，促进内外循环

党的二十大报告强调，"巩固提升香港、澳门在国际金融、贸易、航运航空、创新科技、文化旅游等领域的地位，深化香港、澳门同各国各地区更加开放、更加密切的交往合作"。在全面建成社会主义现代化强国的进程中，港澳地区特别是香港作为"一带一路"桥头堡、国内国际双循环的枢纽，将发挥不可替代的独特作用，扮演更加吃重的关键角色。

当前，香港进入"由乱及治"走向"由治及兴"的关键时期，作为扎根香港的"百年老店"，中国旅游集团把"立足香港"作为头号区域战略，积极在港深耕民生领域，拓展业务布局，大力开展研学旅游、红色旅游，推动香港和内地青年交流，并利用香港国际化、法治化、专业化的优势，推动优势业务走向世界。2022年8月，中国中免H股成功上市，成为香港资本市场年内最大的IPO（首次公开募股）项目，上市不到3个月，中国中免H股即入选恒生综合指数成分股，被纳入沪港通和深港通，让国内外广大消费者、投资人和供应商均分享到了红利，进一步增强了客户黏性，扩大了品牌的公众影响力。

未来，中国旅游集团将全面准确贯彻"一国两制"方针，聚焦驻港央企"言商言政"主业主责，助力香港打造中外文化艺术交流中心，助力香港发挥好推动公共关系事业的"超级联系人"作用。

四、放眼全球合作，分享市场机遇

党的二十大报告强调，"推进高水平对外开放。依托我国超大规模市场优势，以国内大循环吸引全球资源要素，增强国内国际两个市场两种资源联动效应，提升贸易投资合作质量和水平"。作为全球最大旅游客源地和全球第四大旅游目的地，我国在 2019 年已有高达 3 亿人次的国际旅游规模。世界旅游业理事会（WTTC）预计，到 2032 年中国将超越美国，成为全球最大的旅游市场。

2020 年暴发的新冠肺炎疫情虽然阻挡了部分出入境客流，但没有阻挡国家对外开放和交流合作的脚步。中国国际进口博览会、中国国际消费品博览会、中国国际旅游交易会、中国国际服务贸易交易会等国际交流合作盛事轮番登场，其中都有中国旅游集团的活跃身影。在 2022 年 11 月落幕的第五届中国国际进口博览会上，集团与 24 家海外一线供应商签约，采购金额同比增长21.4%。

近年来，集团坚持放眼全球，服务和融入新发展格局，稳步实施"走出去"战略，跟随中国游客的步伐开展国际化经营，持续拓展布局海外签证中心、旅游零售、酒店和旅游目的地，在做精海外业务的同时，积极扩大和深化国际合作，构建产业链、供应链、价值链生态圈。

未来，集团将充分利用国内国际两个市场、两种资源，增强面向全球的资源配置和整合能力，将我国超大规模市场优势转化为国际竞争与合作优势，在对外合作中，以自身业务发展带动当地就业和经济社会发展。在国家推动形成更大范围、更宽领域、更深层次的新时代高水平对外开放格局下，集团期待与全球合作伙伴分享中国市场机遇、增长机遇，通过更加紧密和互利共赢的经贸合作，维护和促进公共关系全面发展。

媒　体

新时代的中国公共关系与媒体传播 [①]

　　党的二十大开启了全面建成中国特色社会主义现代化国家、实现中华民族伟大复兴的新征程。新时代新目标新要求，既为中国公共关系事业开辟了大有可为的广阔舞台，也带来了前所未有的深刻挑战。如何更好地承担起中国式现代化出色建设者、国家治理体系自觉维护者、中国国家形象坚定守卫者、人类命运共同体有力推动者的责任和使命，是新时代中国公共关系面临的重大课题。

　　公共关系是国家治理体系和国家文化软实力的有机组成部分。良好的公共关系有利于促进政府、机构、企业、公众之间的相互信任、相互理解，以及国家之间的认知、认同与相互合作。构建良好的公共关系，离不开及时、充分、富有成效的双向沟通，而媒体传播是各种关系连接和沟通的重要桥梁，也是公共关系实现凝聚人心、汇聚民力的重要手段。新时代的中国公共关系与媒体密不可分、携手同行，共同服务于党和国家工作大局。运用好媒体的传播力、引导力、影响力和公信力，对促进良好公共关系的形成，更好地为党和国家工作大局服务具有重要意义。

---

① 　本文作者：张小影，经济日报社原社长兼总编辑，中国公共关系协会副会长。

当前，世界之变、时代之变、历史之变正以前所未有的方式展开。包括媒体传播在内的新时代公共关系，全部工作的出发点和落脚点必须放在有效助力中国式现代化强国建设上，这是党和国家工作大局的需要，也是检验公共关系和媒体传播效能的重要标志。当务之急，中国公共关系和媒体传播要围绕如何让中国式现代化更好地被理解、让新时代中国更好地被认同等重大问题，对内对外切实开展富有成效的工作。要抓住几个关键环节。

一、进一步加强对中国式现代化的理论阐释

习近平总书记在党的二十大报告中指出："从现在起，中国共产党的中心任务就是团结带领全国各族人民全面建成社会主义现代化强国、实现第二个百年奋斗目标，以中国式现代化全面推进中华民族伟大复兴。"中国式现代化是中国共产党领导的社会主义现代化，既有各国现代化的共同特征，更有基于自己国情的中国特色。理解中国式现代化，钥匙就在"中国式"里。媒体传播要从人类现代化历史的"长时段"以及东西方关系的"宽视野"出发，讲清楚中国式现代化的深刻内涵和历史意义，讲清楚中国式现代化的本质要求、根本原则、基本立场、特色优势、发展规律、重大举措、重要特征等。严密透彻的理论阐释，是建立良好公共关系的逻辑依据。

二、进一步注重对中国式现代化的价值传播

与西方国家的现代化历程不同，中国式现代化追求的不仅是

经济的发展，而且包含独特的"中国情怀""中国价值观"。中国式现代化的五个特色，鲜明地体现了中国共产党坚持以人民为中心、坚持人与自然和谐共生、坚持人类命运共同体等思想主张，体现了中国共产党在实现现代化过程中对少数人与大多数人、中国与世界、人类与自然关系等重大问题的思考。中国式现代化不仅科学回答了社会主义国家如何实现现代化的重大命题，也深刻揭示了人类社会发展规律，拓展了发展中国家走向现代化的途径，为人类实现现代化提供了新的选择，为人类对更好社会制度的探索提供了中国方案、中国精神、中国智慧、中国力量。媒体传播中不仅要突出中国式现代化的独特特征，还要展现其所蕴含的"现代"元素和"中国"因素；不仅要展示中国式现代化对社会主义现代化理论的贡献，对人类文明新形态的贡献，还要从更深层次挖掘阐释中国式现代化的时代价值和世界意义，阐释其不同于西方现代化的中国价值。通过价值传播，让媒体与公共关系在更大范围更深层次形成同频共振。

三、围绕中国式现代化进一步凝聚中华民族的强大伟力

中国式现代化宏伟蓝图的实现，需要全党全社会矢志不渝、锐意进取、笃行不怠，需要汇聚起中华民族的磅礴力量和聪明才智，深入贯彻新发展理念，加快构建新发展格局，推动高质量发展。当前，中华民族伟大复兴进入了不可逆转的历史进程，我们比历史上任何时期都更接近，也更有信心和能力实现中华民族伟大复兴的目标。但必须认识到全面建设社会主义现代化国家任重道远。在新的征程上，我国发展面临新的战略机遇、新的战略任

务、新的战略阶段、新的战略要求、新的战略环境，需要应对的
风险和挑战、需要解决的矛盾和问题比以往更加错综复杂。

中国式现代化道路是中国人民在漫长岁月中曲折探索出来
的，中国式现代化建设也需要中国人民在未来的时光里共同拼搏
奋斗。因此，公共关系工作和媒体传播中要聚焦用中国式现代化
凝聚中华民族强大伟力这个主题，始终坚持正确舆论导向，积极
宣传党的主张，及时反映人民呼声，充分传达社会正能量，为推
进中国式现代化进程提供强有力的舆论支持。同时，要增强问题
意识，加强预期引导，及时解疑释惑，回应社会关切，进一步优
化社会互动环境、心理环境、发展环境，把双向交流与形成共识
有效统一起来，为推进中国式现代化进程凝心聚魂。

四、围绕读懂中国进一步加快公共关系和媒体传播的话语体系与叙事体系建设

在中国共产党的领导下，中国用几十年的时间走过了西方国
家数百年的现代化历程，从一个"一穷二白"的国家发展为世界
第二大经济体，堪称当代世界最伟大、最成功的现代化实践。党
的十八大以来，稳经济、促发展，战贫困、建小康，控疫情、抗
大灾，应变局、化危机，中国共产党带领中国人民攻克了一个个
看似不可攻克的难关险阻，创造了一个个令人刮目相看的人间奇
迹。当前，中国共产党正领导中国人民在中国特色社会主义道路
上走向中华民族伟大复兴。

讲好中国式现代化故事，讲好中国共产党带领中华民族奋斗
的故事，传播好中华文明，真实立体地展现可信、可爱、可敬的

中国形象，让国际社会进一步读懂中国，是中国公共关系和媒体传播必须担当的历史责任。面对全球之大变局，世界格局、国际秩序和国际治理架构正在深刻演变，中国公共关系和媒体国际传播的效能亟待进一步提升。我们要深入落实好习近平总书记的要求，加快构建中国话语和中国叙事体系，用中国理论阐释中国实践，用中国实践升华中国理论，打造融通中外的新概念新范畴新表述，把中华民族在中国式现代化进程中奋力拼搏、丰富精彩的实践，转化为世界听得见、听得懂、听得进的中国声音、中国故事。特别是要用好信息、数字、智能等高新技术成果，创新传播理念、传播模式、传播场景，实现媒体形态迭代迅速、传播手段多样多元、线下线上国内国际融合传播常态化，全面提升中国立场、中国声音、中国方案、中国故事和中华文化的传播效能，形成更加有利于中国高质量发展的国际环境和对中国国家形象的准确认知，促进世界和平与发展，推动构建人类命运共同体。

总之，新时代赋予新任务，新目标要有新担当。面对世界之变、时代之变、历史之变，相信公共关系和媒体都会交出一份合格的答卷，共同为强国建设、民族伟大复兴做出更大的贡献。

中国式现代化建设中，
主流媒体如何更好发挥作用 ①

习近平总书记在党的二十大报告中指出："从现在起，中国共产党的中心任务就是团结带领全国各族人民全面建成社会主义现代化强国、实现第二个百年奋斗目标，以中国式现代化全面推进中华民族伟大复兴。"党的二十大报告全面系统深入地阐述了中国式现代化的科学内涵，具体说就是中国式现代化五个方面的中国特色，即中国式现代化是人口规模巨大的现代化，是全体人民共同富裕的现代化，是物质文明和精神文明相协调的现代化，是人与自然和谐共生的现代化，是走和平发展道路的现代化；中国式现代化九个方面的本质要求，即坚持中国共产党领导，坚持中国特色社会主义，实现高质量发展，发展全过程人民民主，丰富人民精神世界，实现全体人民共同富裕，促进人与自然和谐共生，推动构建人类命运共同体，创造人类文明新形态；深入推进中国式现代化的五条重大原则，即坚持和加强党的全面领导，坚持中国特色社会主义道路，坚持以人民为中心的发展思想，坚持深化改革开放，坚持发扬斗争精神。认真学习、深刻理解、准确

---

① 本文作者：季星星，中国记协党组成员、书记处书记，中国公共关系协会副会长。

把握这一重大论断，对于动员全党全国各族人民在新时代新征程夺取中国特色社会主义新胜利，全面建设社会主义现代化国家，全面推进中华民族伟大复兴，具有重大的现实意义和深远的历史意义。

在推进中国式现代化建设的学习宣传贯彻中，主流媒体作为"第一方阵"，必须学在前、做在前、走在前，同时要充分发挥举旗帜、聚民心、育新人、兴文化、展形象的重要作用，有声有色地做好宣传报道。

一、高举旗帜，强化思想引领

主流媒体是推进中国式现代化建设宣传报道的主力军、主阵地、主战场，必须高举习近平新时代中国特色社会主义思想伟大旗帜，严格按照党中央精神全面准确开展宣传报道，把准方向、把牢导向，牢牢把握宣传引导的主导权、主动权、话语权；必须在学懂弄通做实上下功夫，把中国式现代化的科学内涵讲清楚、讲明白，做到深入人心、落地生根，帮助干部群众准确理解把握，让他们听得懂、能领会、可落实，切实把思想和意志统一到对中国式现代化科学内涵和精神实质的理解与把握上来，把力量和智慧团结到贯彻落实推进中国式现代化的各项部署与行动上来。

二、凝聚民心，壮大主流舆论

主流媒体要坚持团结稳定鼓劲、正面宣传为主，唱响主旋律，壮大正能量，协同联动、同向发力，通过报刊、通讯社、广播、电视等全方位、多角度、立体式进行宣传报道，做大做强主流思想舆论。《人民日报》、新华社、中央广播电视总台等中央主要媒体在重要版面、重点时段上要精心谋划，开辟专题专栏，推出有分量、有深度的新闻报道、通讯综述、专家访谈、评论言论、理论文章，发出权威声音，把全党全国人民士气鼓舞起来、精神振奋起来，朝着党中央确定的宏伟目标团结一心向前进。全国性行业类媒体要发挥领域性、行业性的专业优势，深入各行各业基层一线，深入生活实际，深入人民群众，联系群众身边具体事例，反映基层百姓切实感受，大力宣传各行各业的热烈反响和积极评价，大力宣传各行各业学习贯彻的具体举措和实际行动，切实把各行各业推进中国式现代化建设的生动实践宣传好、报道好。

三、立德树人，培育时代新人

主流媒体要以坚定的理想信念筑牢精神之基，加强对推进中国式现代化的宣讲宣传和研究阐释，通过推出权威访谈、开设专栏等形式，从不同角度撰写推出相关文章，分析背景、提取要点，深化思想认识、延伸阐释深度和广度；主动邀请有关部门负责同志进行深入解读，加强正面引导，回应广大党员干部群众关注的热点问题和关切，把思想和行动统一到党中央对深入推动中国式现代化的重大论断上来。要抓住青少年价值观形成和确定的关键时期，加强对青少年的教育引导，进一步加大典型宣传力度，广泛开展先进模范学习宣传活动，加强思想道德建设，弘扬新风正气，培育社会主义核心价值观，引导他们扣好人生第一粒扣子。

四、以文化人，激励创新创造

主流媒体要进一步增强脚力、眼力、脑力、笔力，深入生活、扎根人民，贴近实际、尊重规律，用心用情用功抒写伟大时代，联系群众期待，贴近受众需求，创作更多精品力作，使宣传报道更接地气、更动人心。要加快媒体融合发展，坚持分众化、差异化、精准化传播，开设网上专题专栏，开展网上访谈互动，多采取微镜头、短视频、讲故事等群众喜闻乐见、易于接受的方式，制作推出一大批有活力、易传播的融媒体产品，强化互动化传播、沉浸式体验，在网络宣传上展现新面貌、新气象、新作为，以更多创新产品推动形成网上正面舆论强势，让主旋律更加昂扬，让正能量产生大流量。

五、展示形象，讲好中国故事

主流媒体要完善国际传播工作格局，把握大势、区分对象、精准施策，精心组织对外宣传，多渠道宣传阐释中国式现代化是中国共产党领导的社会主义现代化，既有各国现代化的共同特征，更有基于自己国情的中国特色；宣传阐释中国式现代化是在总结我国和世界其他国家现代化建设的历史经验基础上认识不断深化、战略不断成熟、实践不断丰富而形成的思想理论结晶；宣传阐释中国式现代化彰显的世界意义和世界贡献，充分反映国际社会的积极评价，讲好中国故事、中国共产党故事、新时代故事，传播好中国声音，生动展示我们党开放自信、昂扬向上的良好形象，让世界更好地了解中国。

六、民间叙事，助力央媒宣传

工会、共青团、妇联等群团组织可以充分发挥自身优势，在对外交流工作中积极引导，着力提升实际效果，增强中国式现代化建设宣传报道的传播力、引导力、影响力、感染力，让中国式现代化走向世界。中国记协作为党领导的中国新闻界的全国性人民团体，作为党和政府密切联系新闻界的桥梁和纽带，可以在很多方面积极发挥作用。比如通过中国新闻奖评选的表彰激励机制，推动中央媒体更好以科学的理论武装人，以正确的舆论引导人，以高尚的精神塑造人，以优秀的作品鼓舞人；比如通过新媒体专委会的横向沟通协调机制，组织中央媒体举办的新媒体开展经验分享和业务研讨等活动，推动中央媒体更好融合发展；比如发挥民间外交的独特优势，通过开展对外新闻交流活动，推动中央媒体更好对外宣传阐释中国式现代化的世界意义，努力提升国际传播效果。

讲好中国式现代化故事，新媒体大有作为 [①]

党的二十大报告对"中国式现代化"进行了系统论述，讲好中国式现代化故事成为公共关系与大众传播机构的重要课题和历史使命。在这一伟大进程中，媒体重任在肩，使命光荣，大有作为。近年来，中国网加快融合发展，探索新媒体传播规律，着力提升国际传播能力和水平，形成了独具特色的新媒体国际传播格局。

一、讲好中国共产党治国理政的故事

读懂习近平新时代中国特色社会主义思想、读懂中国共产党，是国际社会读懂中国的关键。中国共产党治国理政的故事，是世界探究中国奇迹、理解中国方略的重要窗口。

在中宣部和外交部的共同指导下，中国网承建运营"习近平外交思想和新时代中国外交"中英文专题网站，系统集纳了党的十八大以来，习近平总书记的重要外事活动、讲话、论述和署名文章，习近平外交思想相关文献著作和研究成果，并用数字地图的形式全景展示习近平总书记的外交足迹，是全面系统宣介习近

---

① 本文作者：王晓辉，中国网总编辑。

平外交思想的权威官方平台，成为推动建设人类命运共同体和弘扬全人类共同价值的重要发声渠道。特别策划的《大变局》系列访谈，全渠道浏览量1.8亿，约访来自习近平外交思想研究中心、北京大学、清华大学等智库、高校的专家学者，畅谈新时代中国特色大国外交的人民立场、大国担当和全球贡献，解读"于变局中开新局"的中国智慧。

同时，中国网精心运营宣介阐释《习近平谈治国理政》第四卷英文专题，通过可视化呈现、诵读播报、外籍人士解读等，集中展现中国故事及其背后的思想力量和精神力量；建设"习近平谈治国理政"多语种专栏，推出《传习录》《外国人眼中的中国共产党》等网评专栏，制作"金句"系列海报等，集纳富媒体形态，放大"微镜头"，巧用"金话筒"，集中阐释习近平总书记核心话语和典范概念。

此外，中国网聚焦阐释"人民至上""中国式现代化"，品牌栏目扛旗冲锋。《中国3分钟》栏目紧扣议题，推出《中国共产党为什么能始终代表最广大人民的根本利益？》《什么才是"中国式现代化"？》等特别策划，以问为题、史论结合、今昔对接、深入浅出，生动解读党的二十大报告关键词，解析"代表最广大人民根本利益"是中国共产党的基因和本色，剖析中国式现代化的科学内涵、旨归意义和实现途径，被304家外媒转载。《中国网直播》栏目不断巩固专业品牌优势，着力运营新媒体平台账号，深度发掘中共中央新闻发布会和国新办新闻发布会等独家网络直播资源、英文实录优势，通过碎片化、社交化、可视化加工，极大丰富权威资讯的二次传播和海外传播，形成独具特色的直播产品矩阵，粉丝量超过8 660万。

二、讲好中国人民奋斗圆梦的故事

新时代以来，习近平总书记陆续向世界阐述了实现中华民族伟大复兴的中国梦。人民是历史的创造者，更是"中国故事"的书写者，媒体要走近平凡而伟大的中国人民，呈现一个生动立体全面的今日中国。

2017年起，中国网秉持"全民外宣"理念，承办"讲好中国故事"创意传播大赛，面向全社会特别是外籍人士广泛征集各领域生动讲述中国故事的短视频优秀作品，形成全民参与讲好中国故事、多元化协同配合的良好氛围，从不同角度共同塑造可信、可爱、可敬的中国形象。5年来，中国网与各地宣传管理部门、高等院校紧密协作，陆续成功举办了23个地方分站赛、13个主题赛、多个专项赛，吸引了全国各地和美国、加拿大、英国、意大利、俄罗斯、日本、韩国、南非、毛里求斯等多个国家和地区的参赛者，涌现出一大批特色鲜明、视角独特、情感真挚的优秀作品，成为具有强大影响力和传播力的全民外宣实践平台。

三、讲好中华文化传承发展的故事

中华优秀传统文化是对新时代文化自信和文化繁荣的最佳诠释，是国际传播工作的宝贵财富和重要内容。

2020年起，中国网推出大型实景文化类纪录访谈节目《似是故人来》。邀请不同领域的文化名家，通过实地走访、现场对话、主持人述评等形式，带领观众走入不同的文化领域，体会中华文化的博大精深。第一季节目全网播放量突破1亿，并获得中国新闻奖二等奖，第二季节目平均收视率继续稳居同时段省级卫视前三名，充分反映出中华文化的强大感召力。目前，第三季节目拍摄已经启动，将着眼海外，通过中国网海外社交平台账号发布，助力谋求民心相通最大公约数，画出"美美与共"最大同心圆。

前不久，中国网上线了"中网艺云"数字藏品平台，积极尝试通过传统和创新的有机交互，传承守护中华文脉。我们也将继续发掘中华优秀传统文化的创新传播模式，为各领域国际传播开辟新的合作发展空间。

四、用"外眼"视角讲好新时代的中国故事

新时代以来，中国的国际影响力与日俱增，阐释好"和平发展、合作共赢"的理念，不仅需要用真实故事和实际行动构建负责任大国的形象，更需要我们创新传播策略、升级叙事体系。中国故事"谁来讲""怎么讲""讲什么"是亟待思考的现实问题。

中国网深入学习贯彻习近平总书记关于新时代加强和改进国际传播工作的重要论述，把握重大主题报道契机，从中找思路、找方法、找答案。积极发挥多语种短视频国际传播工作经验，鼓励和培养外籍员工发挥独特优势，开设《阿拉伯人"心"体验》《彭瑞话中国》等多语种栏目，由外籍评论员出镜主持，借助"外眼"观察中国对"和平发展"的坚定信心，用"国际语言"讲述中国对"合作共赢"的真挚期许。

2022 年，中国网制作《在中国寻找答案》多语种专题片，

邀请 11 位外籍主持人使用英、法、西、葡、阿、日、俄、印尼等 8 国语言，以体验式采访、中外学者点评的方式，探访习近平总书记考察调研地，紧扣共同富裕、乡村振兴、绿色发展、文明互鉴等国际关切，介绍中国实践，解析中国方案，解读中国智慧。全渠道浏览量超 1 亿，被 175 家外媒转载。

中国网全力开展"红星何以照耀中国"主题国际传播，对 27 个国家的 111 名外籍人士进行采访或约稿，制作相关产品 248 期（篇），全渠道浏览量 3.9 亿。围绕"外国大使眼中的中国与世界""外企在华这十年"等主题制作系列微视频，专访亲历中国发展的外国人，阐述对新时代中国的观察与见解。注重开展分众化的对外传播，针对海外 Z 世代群体，推出《与中国对话》《来自中国的一封家书》《Vlogger 在中国》[①] 等系列微视频，邀请在华外籍留学生等录制，聚焦国际视野下的中国热点话题，用"平视"的镜头语言、"聊天"的交流氛围、"可感知"的叙事方式，展现真实、温暖、包容的中国。《爱上中国的瞬间》系列漫画则从外国年轻人的在华体验切入，从电子支付、旅行经历、公共设施建设等角度，以小见大、生动鲜活地介绍新时代 10 年中国经济社会发展的标志性成果。相关产品全渠道浏览量达到近6 000 万。

此外，中国网积极用好脸书等海外社交平台，建设互动话题"#WhyChina"（中国，爱你的理由）；在 Quora（问答网站）平台推出"在中国共产党的领导下，中国取得伟大发展成就"系列问答，面向海外高知群体，就中国共产党执政理念等进行互动交

---

① Vlogger 指视频博主。

流，引导高质量的内容输出，相关话题累计浏览量 277 万，累计互动量 26 万。

当今世界正经历百年未有之大变局。中国网将牢记职责使命，紧跟时代潮流，坚持正确舆论导向；紧扣海外关切，运用融媒体手段，推进对外传播话语体系迭代升级；增加可视化产品供给，加大海外社交平台推送力度，延展传播范围，为全面建设社会主义现代化国家，全面推进中华民族伟大复兴贡献力量。

价值传递与连接，媒体的全链条服务探索 [①]

当今社会正因为有新技术、新媒介，人们可以超越时空，变得随时互联互通。新技术的发展，尤其是移动互联网技术的发展，推动了新媒体和平台的迅速兴起，带来了表达方式和传播格局的深刻变革，也为人际关系、公共关系、虚拟与现实等各式各样的关系，带来了很多新的挑战和机遇。

作为一个新媒体从业者，笔者认为数字时代的互联网新型主流媒体应该充分展现社会责任担当，充分发挥自身优势，助力构建积极正向的网络舆论场和网络公共关系。

澎湃新闻于2014年7月22日正式上线，前身是上海报业集团旗下的《东方早报》，是中国首个由传统媒体向新媒体整体转型的产品，也被称为中国媒体融合发展的标志性产品。经过8年的发展，澎湃新闻客户端下载量已接近2.5亿次。除了自有客户端平台外，还拥有全网第三方平台和分发渠道90余个。澎湃新闻的传播力和影响力，一直位列国内主流媒体第一方阵。目前，澎湃新闻每日全网阅读量超过4.5亿，官方微信公众号全年阅读量达"10万+"的文章超2 000篇；官方微博热搜话题超1 500个，总阅读量近1 000亿。整体数据跟传统媒体时代比，已经完

---

① 本文作者：刘永钢，澎湃新闻总裁、总编辑。

全不是一个量级了。

在媒体转型过程中，澎湃新闻始终坚持内容为王。其中优质原创内容是"王中之王"，是澎湃新闻的核心竞争力。澎湃新闻日产原创全媒体内容超过400条，其中视频化内容占50%。内容上专注时政与思想，既讲求严肃、严谨，也力求做到专业、权威、新锐。澎湃新闻在这几年获得了200多个国内外荣誉奖项，其中国际奖项超过49项，比如SND（美国新闻媒体视觉设计协会）全球数字媒体设计大奖、SOPA（亚洲出版协会）奖等，专业度不断获得认可。

在做好原创内容的同时，澎湃新闻特别注重打造专业、丰富、可信的内容开放平台。2017年以来先后推出政务平台"问政"、专业创作者平台"湃客"，并于2019年整合为澎湃号，其规模和影响力在主流新媒体中也位居前列。做专业的内容开放平台，是因为新技术给予的可能性，同时通过算法和编辑推荐，也大大提升了公众获取更多自己所需资讯的便捷性。作为主流新媒体，澎湃新闻应该顺应时代的需求，顺应用户的要求，为全网提供权威、专业、靠谱、丰富、符合主流价值观的内容生态池，为构建良好的网络舆论生态夯实底座。

澎湃新闻重视建设"澎湃系内容生态"。利用澎湃新闻在资质、内容以及品牌管理等方面的优势，通过投资和管理输出的方式，影响更多平台，汇聚更大的正能量内容生态池。

笔者想跟大家分享几个案例。在2022年抗疫的"大上海保卫战"期间，澎湃新闻做了些什么？澎湃新闻进行了权威准确的信息发布、及时辟谣等，做好基本信息的供给。基于同城一命的切身感受，在上海出现疫情的关键时刻，率先推出了澎湃"战疫服务平台"，并通过不断完善服务内容，进一步推出药品求助专项通道、疫情防控期间消费投诉专线、助企服务平台、就业服务平台，它们共同构成了澎湃新闻"战疫服务矩阵"。这对于在疫情发生后解决大家的实际困难和焦虑情绪，对于形成一个更加互相理解的社会关系有很大帮助。笔者认为这些事非常有意义、有价值。

互联网时代资讯泛滥，许多信息似是而非、真假难辨。其中，有些信息借助官方辟谣可以澄清，但有一些半真半假或张冠李戴的信息则无法通过辟谣解决。针对这类危害性大且具有迷惑性的信息，澎湃新闻利用互联网技术的开放性、平台的交互性，以及自身的专业优势，推出事实核查平台"澎湃明查"。一方面，借助广大网民的力量判断事件真伪；另一方面，通过自身专业手段进行核查。2022 年 8 月，澎湃在事实核查平台的基础上，进一步上线"澎湃明查"中英文网站，将平台性、交互性，以及走专业群众路线的效能发挥到极致。作为主流新媒体，在资讯泛滥、泥沙俱下的互联网时代，应当起到更加独特和专业的引领作用，这样才能让互联网空间的互信变得更加可能。

互联网具有天然的超越地域、超越国界、超越种族的渗透性，因此我们的媒体应该立足于全网、立足于全球。澎湃新闻从一开始就重视全球化探索，创新国际传播。澎湃推出英文新媒体"第六声"，开拓了国际传播新路径。"第六声"的定位是专门讲述小而美的中国普通人日常的故事。通过人性化叙事，得到许多海外专业用户的认可，年覆盖海外用户达 1.2 亿人次。同时，还有许多海外专业智库也将"第六声"作为读懂中国和发现立体、真实、全面的中国的重要来源。

在国际传播方面，媒体是可以助力公共外交公共关系的，这方面澎湃新闻也有很多尝试和成功实践。在中日邦交正常化50周年的背景下，澎湃新闻举办了"中日50年50人"的系列采访活动，得到了中日双方外交部门的支持。这次系列采访活动被纳入中日两国2022年邦交正常化的正式活动之中。

除了国际关系领域，澎湃新闻还特别注重城市之间的城市品牌、城市形象的传播。中国人是比较有家乡观念的，中国的每一座城市都有自己独特的文化和特色。2021年11月，受上海市委宣传部、市委外宣办委托，澎湃新闻策划并承建运营了IP SHANGHAI平台（上海城市形象资源共享平台）。这是国内首个集征集、共享传播、孵化创新于一体的数字化城市形象资源共享平台。为了向援沪抗疫的各地医护致敬答谢，澎湃新闻联合IP SHANGHAI平台，利用以各省份或城市命名的上海街道为落点，创作"上海感谢您"系列明信片，获得了非常好的传播效果。基于IP SHANGHAI的成功，澎湃新闻接下来还将启动"IP China"矩阵计划。

除了助力政府之外，媒体也可以助力企业。澎湃新闻特别推出了"ESG"频道，联动外部的权威机构和资源，为企业贡献优质的ESG内容产品和咨询服务。比如，联合第三方权威机构推出上市公司环境绩效榜单，帮助当下中国的生态化绿色发展。

在新媒体时代，新技术给新媒体带来了更大的可能，新媒体也为整个社会的关系和优化带来了更大的可能。新技术能为公共关系带来怎样的助力？小结一下，笔者认为可以有以下四点。

第一，新媒体应该成为数字时代公共关系积极且负责任的收关方。新媒体不仅是报道者、记录者，也是参与者和推动者，某些时候还是监督者，而且既是当局者，也是旁观者。第二，新媒体应该成为舆论场上正向的引领者和压舱石。面对互联网舆论场各种各样的声音，主流媒体应该发布及时、准确、权威的信息，以主流的价值观去引领舆论场，新媒体应该有这样一种使命、责任、勇气和担当。第三，新媒体有三个具体的功用——信息的准确传递者、建设性的沟通者和复杂关系的帮助者。媒体要做一些非常具体的、实在的事情，哪怕是一些非常琐碎、非常细微的"善"事，它也能够给整个社会和谐带来非常大的正向作用。第四，媒体应该成为一个全链条的服务者。媒体不应该只在某一个地域或者某一个行业之中，而是应该连接虚拟与现实，连接本地与外地，连接本国与外国，连接不同的人群，还可以连接不同的行业，成为一个广阔天地、广阔行业的服务者。

对于互联网新型主流媒体而言，到底什么是最重要的？我们认为品牌的影响力和专业的赋能力是最重要的。比如澎湃新闻一直认定自己首先是一家媒体，其次是一个平台，更重要的是一个连接的介质，连接不同的群体，连接不同的服务，连接不同的机构。同时，它也是赋能者，以品牌的能力、专业的能力以及连接的能力，去赋能社会上的千行百业。在这个过程当中，媒体除了是一个"铁肩担道义，妙手著文章"的社会公平正义的守望者之外，也应该把自己当作整个数字时代负责任的一员。

在发展的过程当中，澎湃新闻在体制机制上走了一条不一样的路，它是企业化运作、市场化运营的。澎湃新闻已经先后完成了两轮融资，也想以此为契机，加速成长为引领型、赋能型、全球型的互联网新型主流媒体，从而为整个公共关系的和谐带来助力。

新技术背景下公共价值沟通的内容要素 [①]

新技术的发展会带来新的内容潮流，带来内容表达、内容形式、传播渠道等多维度的创新。然而，无论媒介如何变化，内容依然是有效公共沟通的关键要素。在新的技术和传播环境下，好的内容依然要以与公众共情为基础，同时也体现出了新的特征。

一、新技术推动新的内容潮流

技术的发展改变着公众沟通交流和获取信息的方式，从而深刻影响了内容生产和消费的各个环节，推动了新的内容潮流。主要体现在以下三个方面。

（一）沉浸式的内容消费体验

技术的进步让传播不再是单纯地比拼内容生产速度，而是更加追求带给公众沉浸式的内容体验。例如在文旅领域，借助 AI、AR 等技术，公众不再仅仅是读城市地标、看城市地标，还能听甚至直接身临其境地体验到城市地标，真正让数字文旅活起来。

---

① 本文作者：田华，网易传媒科技（北京）有限公司副总裁。

以网易传媒围绕北京中轴线打造的一系列策划为例。网易传媒多年来持续关注北京中轴线申遗进展，不断以内容创新和传播优势，讲述"北京中轴线"上的城市文脉故事。2019—2021 年，网易传媒先后推出了"致敬北京中轴线""文脉中轴""京城赏月打卡地图"等文化 IP，2021 年，网易传媒借助伏羲的 AI 技术，打造了"AI 乐中轴"等现象级网络活动，累计播放量破亿次。

2022 年，网易传媒更是创造性地将中轴线上古建筑的文化内涵变为具有生命的 IP，打造了六位"中轴元力神"，以精美的视觉动效，在元宇宙中展开了一个"赛博中轴线"的世界，并且推出了"ZZLINE 元力神"数字藏品，在网易新闻数字藏品馆上线。

网易传媒通过数字藏品这一全新表达，探索出了一套"元宇宙＋文旅"的内容流行新公式，让元宇宙的技术创新落地到文旅内容消费链条的不同触点，从而更好地实现文旅品牌价值转化。

（二）内容传播形式的极大丰富

从图文、条漫、H5，到短视频、直播，再到虚拟人、数字藏品、元宇宙空间等，技术的进步让内容的互动性越来越高，也让内容传播的形式更加多样化，视频化的表达成为与新一代人群沟通的"母语"。

例如，网易传媒为浙江省丽水市云和县打造的《来自云和的礼物》这一作品，就充分展现了如何利用人工智能、云计算、增强现实、区块链等新一代信息技术，创新多种内容玩法，以数字文创能力，赋能智慧文旅。

该作品以"SVG交互"①为技术路线,以"线上实景互动"为创意核心,通过平面手绘、设计、前端技术交互等系列创意与技术流程,将云和梯田美景、木制玩具制作流程、开犁节民俗盛况、云和湖仙宫景区趣味项目等内容用游戏的手法串联起来,形成特色游戏单元,展示了云和县丰富的特色文旅资源,实现让用户沉浸式在线体验云和美景的目的,全网传播量超过100万,转评赞互动超过3 000,受到用户好评,提升了云和特色木制玩具的知名度和销量,助力云和文旅走向全国。

(三)传播渠道的加速融合

随着内容平台以及内容生产工具的平民化,人人手持麦克风,传播主体大规模业余化,带来传播话语权扁平化,从报纸时代建立起来的传播秩序被打乱,传播主战场发生转移。在此背景下,主流媒体进行了大量主动探索,加速融媒体建设,对传播话语权的应用越来越新潮、纯熟,也越来越多地与商业内容平台加深创意内容合作,共同讲好中国故事。

2018年,新华社就和网易新闻联手,在港珠澳大桥通车的报道传播中大放异彩。其中《一分钟漫游港珠澳大桥》H5作品,用1分钟长镜头跨越55千米大桥,跨圈层传播实现1亿PV(页面浏览量),成为2018年全网流量最高的H5作品。

---

① SVG表示可伸缩矢量图形。

二、新传播环境下的内容为王

无论技术如何发展，媒介形式和传播渠道如何变化，一切沟通的背后，本质依然是内容的生产以及内容的消费。好的内容天然具有流动性，容易实现"破圈"传播，是公关沟通中能够起到"四两拨千斤"作用的钥匙。而好内容中具备的精神和情感价值，是促成社会共识达成的关键纽带。

（一）好内容始终贴合人性对美好的追求

人性是传播重要的推动力，优质内容中总是蕴藏着永恒不变的人性力量。技术革新下，公众反抗内容形式的严肃、刻板，喜欢新鲜、出奇，但对于内容中蕴含的精神和情感价值，则始终体现着人性中对美好与自由的追求。

公众对内容精神和情感价值的追求体现在两个方面。一方面是认同感。人的一生都在寻求身份的认同，在交流、融合、反叛之间穿梭，所有的外化行为都是对自我身份的确认，对内心秩序平衡的恪守。另一方面是信念感。人们需要关于理想生活的信念，它来自对大自然的探索，对世界的认知，对先锋者的仰望，同时还有对普通人的共情。

以网易传媒的《界外》为例能看出，内容的精神和情感价值能够极大地促进社会正能量的传递，从而让传播效果最大化。在新冠肺炎疫情的影响下，2021 年举行的东京奥运会不得不空场举办，但在信息场、舆论场，人们对于奥运会的关注丝毫没有减少。同时，娱乐明星不断"塌房"，优质偶像更成了一种稀缺资源。在这样的背景下，网易传媒敏锐地捕捉到公众对正能量的需求，从情感角度切入，打造了一档聚焦体育人物的深度访谈节目——《界外》。依托长期在业界的积累，《界外》能够深入体育圈，与体育人物进行近距离的交流，感受他们的付出，倾听他们的彷徨，传递他们的精神，将这一切融汇成鲜活的人物故事，成为激励人们积极进取的力量，让偶像与正能量共生。

自 2020 年诞生以来，《界外》已经成为体育圈最具影响力的内容 IP 之一，在东京奥运会期间全网曝光量破 7 亿，播放量达 3 600 万。网友在看了《界外》对网易东京奥运会报道形象大使刘国梁的专访后表示："我们何其荣幸看到你的时代和一个又一个属于国乒的时代。"偶像的力量是一束光，鼓舞着人们奋发向上。

（二）好内容是互动与传播的共塑

好的内容是创作者和公众的共谋。有人设和内容的互动更容易场景化，让公众投射情感，产生共鸣，建立"羁绊"。在 Z 世代逐渐成为网络内容生产和消费主力军的当下，这一点尤为重要。

玲娜贝儿的走红就是一个典型案例。它和它的热爱者们共同创作了一个个具有情感价值的"作品"，让玲娜贝儿的形象和萌、可爱、美好、治愈相关联，再借助社交平台的传播，让它迅速成为"顶流"。

在网易传媒旗下，以"小羊驼三三"为核心形象的"三三 family"（三三家族）虚拟 IP 同样如此。"小羊驼三三"通过萌系形象和治愈系故事给予年轻人成长的力量和温柔的陪伴，与年轻人同频共振，一起探索多元的世界。年轻用户往往更有表达欲和互动欲，因此最初"小羊驼三三"依靠原创动画在抖音一炮而红，初期就积累了60多万粉丝，播放点赞比远超同类成熟的IP账号。随后"小羊驼三三"又推出了泡面番、同人画比赛、潮玩手办、毛绒玩具、创意礼盒、数字藏品等一系列互动内容玩法和衍生周边，受到众多年轻粉丝的喜爱。

三、小结：内容是传播沟通核心要素

技术的发展会带来新的内容潮流，为公众创造沉浸式的内容消费体验，极大地丰富内容传播形式，加速传播渠道的融合。但是，无论媒介形式和传播渠道如何变化，内容依然是一切传播沟通的核心要素。其中，内容的精神和情感价值，是促成社会共识达成的关键纽带。好的内容要始终贴合人性对美好的追求，在新的传播环境下，好的内容更是内容生产者和消费者之间互动与传播共塑的结果。作为传播的主体，要积极拥抱新技术，推动内容创新，让内容作为情感的载体，在公共沟通中实现共情、达成共识。

技术背后的价值观传播 [①]

　　哔哩哔哩（B 站）是中国年轻人高度聚集的平台，同时也是备受年轻人喜爱的视频平台和文化社区。

　　目前 B 站的月活跃用户已经达到了 3.06 亿，其中 78% 是 18 岁到 35 岁的年轻人，B 站用户的平均年龄是 21 岁，可以说 B 站的用户是范围很广、很年轻的群体。目前统计中国的 Z 世代，包括 "95 后" 和 "00 后"，有 3 亿多人，照此推算，可能每 3 个 Z 世代里就有两人在使用 B 站。而且 B 站的用户素质相对较高，尤其是在一、二线城市的高校，包括 "985" "211" 高校里的渗透率是很高的，超过 80%，在复旦大学覆盖率甚至可以达到 95%。由此可见，学生群体，尤其是高校学生群体是非常喜欢 B 站的。

　　B 站的内容大致可以分成两个部分。一部分是 PUGV，即专业用户创作的视频，也就是 UP 主（上传者）创作的内容。目前每个月有超过 360 万 UP 主制作超过 1 300 万个原创视频，占 B 站总体播放量的 95%。B 站 UP 主创作的内容，相比其他视频平台在时长上会更长一些，主要是 3 分钟到 15 分钟，而更长的时长有助于表达更深层次的内容，视频的质量也相对较高。

[①]　本文作者：朱承铭，哔哩哔哩党委副书记。

另一部分的播放量来自 OGV，即组织创作的视频，实际上就是 B 站自己出品或制作的内容，或者是从一些专业制作机构购买的版权内容，主要是动画片、纪录片、综艺节目、影视剧等。

B 站最早是由一群动画爱好者聚集在一起形成的。B 站对于动画片是非常执着的，渴望做出最优质的中国原创动画片。在发展过程中，B 站了解到很多年轻用户也同样喜爱纪录片，于是也大力投入纪录片。动画片展现虚拟的想象世界，纪录片则反映现实。B 站的年轻人既充满幻想，又关注现实。

B 站上充满了正能量。例如 UP 主"古琴诊所"，这个账号的背后是一群热爱中国传统音乐的创作者，他们身着传统服饰弹奏古琴的画面如古画一般，备受欢迎。又如中国政法大学教授罗翔老师，目前已经成为 B 站粉丝量最高的个人 UP 主（账号名称为"罗翔说刑法"），有近 3 000 万粉丝，这也证明了 B 站上的年轻人特别爱学习。再如 UP 主"军武志"，他创作了很多军事题材视频，比如《人民军队强在哪儿？》，传播红色文化，非常受欢迎。红色文化、传统文化、学习文化，在 B 站上都特别流行。

B 站自身也制作了不少优秀作品，比如《后浪》演讲，赞美和鼓励今天的年青一代，成为爆款；又如纪录片《但是还有书籍》，提醒人们在碎片化时代不忘读书滋润心灵，获得了第三十届中国电视金鹰奖的最佳纪录片奖；再如动画片《三体》，预计将成为中国科幻动画和中国价值观"走出去"的经典案例。这些都是正能量。

B 站聚集了很多传统文化的爱好者。2021 年有超过 1.7 亿用户在 B 站体验传统文化。B 站还是学生之家，2021 年在 B 站学习的年轻人超过 2 亿，有超过 5 000 位专家、学者、老师、教授入驻 B 站，他们在 B 站上教授的学生远比他们在课堂上教授的学生多，而且他们在 B 站更受欢迎，互动也特别好。

因此，可以说 B 站已经形成了五大平台：爱国青年的聚集平台，有志青年的学习平台，传统文化的复兴平台，潮流文化的引领平台，中外文化的交流平台。

B 站上有这么多正能量，最根本的原因是我们伟大的时代。今天是中华民族伟大复兴的新时代。在这个新时代，国家发展，社会进步，生活改善，国际地位不断提升，中国的年轻人、Z 世代成长于这样一个大国崛起的时代，同时能够通过互联网等渠道充分了解世界的情况。他们在国际比较中坚定了对祖国的自信与自豪，自然会通过视频的方式进行表达，B 站就提供了这样一个平台。他们身上表现出的爱国情怀和正能量，不是自上而下的要求，而是发自内心的真诚。

B 站自身也在宏扬正能量方面做出了很多努力，其中最关键的是维护良好的社区文化，形成良好的社区生态。B 站的根本任务不是自己做出多少好的内容，而是构建一个良好的社区，这样 UP 主们制作的优质视频就会像种子一样自动生长出来。就像一片森林一样，有了好的气候、水分和养料，新的树木就会不断生长出来。

而构建好的社区文化，就像培植盆景一样，盆景本身就在向上生长，只要剪掉不好的枝叶，同时做好浇水施肥，盆景就会呈现出良好形态。因此，B 站要做的事情就是及时把不符合规范的内容裁剪掉，同时支持鼓励优秀作品，这样整个 B 站就一定会呈现出一种生机勃勃的正能量。说起来容易，做起来却很不容易，因为量太大了，所以需要技术手段辅助。

技术是 B 站构建良好社区的重要助力。例如在审核环节，首先通过人工智能技术进行视频内容审核，虽然不能替代人工审核，但已经给人工审核节省了大量时间精力。视频的审核对于人工智能技术是一个不小的考验，需要与人工审核不断对照，不断喂料来进行学习和算法优化，机器也要不断成长。技术与人工实际上是一种相辅相成、互相作用的关系。

B 站对视频的推荐机制，其算法是基于正向评价，而不是唯流量论。播放量只是参考指标之一，其他指标比如一键三连，即点赞、投币、收藏等正向指标，是推荐算法的更重要的参考，同时还会对弹幕和评论等进行数据分析，多且正向的弹幕和评论会有效增加视频的推荐权重。通过这种正向推荐机制，更容易让好的视频脱颖而出。

社区文化的维护更多是依靠对弹幕和评论的审核。弹幕是 B 站社区文化的重要载体，如果社区文化不好，就像小区内邻里关系不好，业主就会不断迁出，反之则社区繁荣。B 站鼓励积极、温暖、友善的弹幕文化，它会支撑 UP 主不断成长、持续创作，也给社区带来源源不断的活力，不断发展，产生优质内容。虽然弹幕评论是文本类数据，但在技术上也需要不断优化。如果单纯严格依靠敏感词，可能会误伤正常内容，伤害社区活跃度，也可能会有遗漏，因此，完善对弹幕和评论的审核，同样需要人工智能技术的不断进化。B 站还在不断开发和优化弹幕技术，包括弹幕不遮盖人脸、多形态多方向弹幕等，很吸引年轻人。

除此之外，B 站还有一些行之有效的独特做法，比如考试制度。在 B 站要成为会员，具备发弹幕评论的资格，是需要通过考试的，这是其他任何视频平台都没有的，这实际上也提升了用户的责任感，使用户对自己的发言负责，具备更多能力素养。还有风纪委员会，让用户参与社区管理。实际上 B 站每天的内容量、弹幕量特别大，要将不好的内容完全剔除是非常难的一件事情，因此需要 UP 主、用户共同参与进来，成为风纪委员。每个月都有数万普通用户和 UP 主踊跃地加入社区管理，担负起管理的职责，很多管理规范也会被机器学习。还有社区小管家，会通过视频动画等方式形象地向用户介绍社区管理的规则，对问题和质疑进行回应解答，做到更加公开透明。

B 站所有这些技术和做法的背后体现的是价值观，包括真诚、理性、善意、尊重、包容、温暖等，如果没有正向的价值观，再多的技术和措施也不会给 B 站带来正能量。不过，正向的价值观，提出来容易，做到很难，因为其可能导致利益损失。比如真诚，基本的就是要做到数据真实，这就意味着平台不仅不能通过数据造假获得收益，反而要拿出资源发现并打击数据造假行为。但我们坚信，数据造假会导致劣币驱逐良币，会严重危害社区文化，只有数据真实才有利于社区长远发展。

正是因为 B 站多年来一直坚持打造良好的社区文化，所以才能够聚集起庞大的 UP 主群体，不断创作高质量的视频。他们本身就是年轻人，很自然地就能够创作出年轻人喜闻乐见的正能量内容。

另外，政府机构和主流媒体也发挥了正能量引领作用。例如央视新闻在 B 站的粉丝量已超过 1 500 万。B 站的 UP 主还会与政府机构和主流媒体合作，将年轻人的创新创意与主流媒体的正确导向和专业能力进行结合，这也是媒体融合的一种重要形式和正能量作品创作的重要方式。

B 站有三大使命：一是构建一个属于用户、让用户感受美好的社区；二是为创作者搭建一个施展才华的舞台；三是让中国原创的动画和游戏受到全世界的欢迎。B 站一直在路上，一直在努力。

公关行业
（包含行业协会与公关公司）

新时代中国青年与公共关系事业的发展 ①

中国现代公共关系事业伴随改革开放进程不断发展壮大，已经成为国家治理与构建和谐社会关系的重要手段。随着中国特色社会主义进入新时代，中国公共关系面临新的发展机遇，需要新的社会力量来参与。青年群体是整个社会中承上启下、继往开来的有生力量，也是推进中国特色公共关系事业不断向前发展的生力军。在公共关系的视野下，探析新时代中国青年的特征风貌，探索新时代青年实践公共关系的路径方法，探讨新时代青年承担的公共关系责任，对于深入实施人才强国战略，构建和谐共生的新型社会关系，增强中华文明传播力、影响力，推进国家治理体系和治理能力现代化，全面建设社会主义现代化国家都具有重大意义。

一、新时代青年是中国特色公共关系事业发展的生力军

国务院新闻办公室发布的《新时代的中国青年》白皮书生动描绘了新时代中国青年自信自强、昂扬向上的精神风貌，全面呈现了新时代青年胸怀家国、放眼世界的时代特征。

---

① 本文作者：王大平，中国公共关系协会常务副会长兼秘书长。

新时代中国青年理想远大、信念坚定。他们衷心拥护党的领导，始终铭记对马克思主义和共产主义的崇高信仰，时刻用习近平新时代中国特色社会主义思想武装头脑，坚信中国道路，坚守价值追求，坚持公平正义。中国青年带头倡导崇德向善、向上向好的社会风气，已然成为社会主义核心价值观的实践者和推广者。

　　新时代中国青年刚健自信、素质过硬。他们深度认同民族身份、自觉传承文化基因，注重从中华优秀传统文化、革命文化、社会主义先进文化中汲取营养，将对于党和国家的无比热爱与对民族复兴的强烈信心转化为实现理想、锤炼本领、磨砺意志、增长才干的有效动力。中国青年积极学习、主动提升，身心素质和综合能力更好更强，在对外交流合作中更加开放包容，在传播中国声音时更加理性从容。

　　新时代中国青年开拓创新、担当作为。他们思想解放、思维活跃，极具想象力和创造力，努力奋斗走在创新创业创优的前列，以聪明才智服务人民生活、贡献国家发展和推动民族振兴。中国青年在平凡岗位上耕耘奉献，在基层一线坚守付出，在急难险重任务中冲锋在前，在重大科技攻关中勇挑大梁，在社会文明建设中引领风尚，彰显着年青一代应有的闯劲、锐气和担当。

　　新时代中国青年胸怀家国、心系天下。他们积极参与国家政治生活和社会发展进程，主动适应和融入社会，大力弘扬青春正能量，在中国式现代化的方方面面发挥着建设性作用，展现了强烈的家国情怀和社会责任感。中国青年胸怀人类大爱，秉承四海一家、天下为公的理念，学习借鉴他国有益经验和文明成果，与各国青年共同推动构建人类命运共同体，携手创造人类更加美好的未来。

中国年青一代有理想、有本领、有担当、有格局，能够壮大中国公共关系的人才队伍，能够发展中国公共关系的理论体系，能够充实中国公共关系的实践经验，能够赓续中国公共关系的光荣传统，为习近平新时代中国特色公共关系的发展注入青春活力和丰富实践。因此，他们是习近平新时代中国特色公共关系事业发展的生力军。

二、新时代青年尚需深入学习和努力实践中国特色公共关系

习近平总书记在庆祝中国共产主义青年团成立 100 周年大会上明确指出："青年是社会中最有生气、最有闯劲、最少保守思想的群体，蕴含着改造客观世界、推动社会进步的无穷力量。"中国特色公共关系的进一步发展，离不开各族各界有志青年的拼搏奉献，新时代广大青年也需学习公共关系这个大学问，在构建公共关系中明确自身定位，在参与公共事务中成就个体价值，在社会交往中建立良好的关系。

新时代中国青年要深化中国特色公共关系的理论学习。要以马克思主义和中国特色社会主义思想为指导，在坚定"四个自信"和做到"两个维护"的前提下，系统学习并准确把握中国特色公共关系的核心概念、基本理论、发展历史、职能目标、运行体系和策略方法等内容，不断扩充公共关系的知识容量。要结合时代背景和中国国情，细致考察公共关系在现实生活中的应用，深入思考如何建立有效的公共关系，为构建独立的科学的公共关

系学理论体系做出贡献。要积极参加学术讲座、专业研讨、实习见习和职业培训，切实增强公共关系意识、提高公共关系水平、提升公共关系素养、拓展职业发展空间，努力成长为高素质的公共关系"通才"。要深刻领会社会主义核心价值观，持续提高思想道德修养和行为自律能力，促进社会诚信体系建设，助力实现诚信中国宏伟蓝图。

新时代中国青年要拓展中国特色公共关系的实践内涵。要紧密团结在党中央的周围，在追求中国梦的旗帜下凝聚共识，广泛参加青年论坛、社会组织、文化团体、科创社团和交流项目，丰富人生体验和社会阅历，增进与社会不同群体之间的理解认同，善用公共关系的原理和技巧处理问题，提升社会交往能力，构建和谐人际关系。要自觉适应社会、融入社会，有序参与政治生活，主动履行社会职责，热情参与公益慈善、社区服务、生态保护、文化传播、养老助残等社会事务，在促进政府与公众有效沟通、倡导文明健康生活方式、满足社会公众多样化需求等方面发挥建设性作用。要注重从中华优秀传统文化中汲取营养，以"修齐治平""内圣外王"正心修身，以"躬自厚而薄责于人""和而不同"立身处世，以"仁民爱物""兼善天下"崇德向善，推动在全社会建立起和谐、有序、健康的公共关系。要开阔国际视野，依法依规开展国际交流合作，主动参加国际性青年组织和青年会议，积极参与青年全球事务治理，在国际舞台上自信讲述中国故事、理性阐释中国立场，大胆探索国际公关的中国方案，推动公共关系事业本土化与国际化的平衡，更好发挥公共关系在展示国家良好形象、传播中华文明中的特殊作用。

三、新时代青年要用公共关系赋能社会，助力中国式现代化建设

习近平总书记在党的二十大报告中明确提出，新时代"中国共产党的中心任务就是团结带领全国各族人民全面建成社会主义现代化强国、实现第二个百年奋斗目标，以中国式现代化全面推进中华民族伟大复兴"。新征程中的中国特色公共关系事业必将继续立足党和国家工作发展大局，在中国式现代化的进程中发挥重要作用。新时代广大青年要坚定不移听党话、跟党走，脚踏实地、艰苦奋斗、担当作为，利用好中国特色公共关系的平台渠道，为物质富裕、精神富足、和平发展的中国式现代化赋能助力。

新时代中国青年要时刻谨记中国特色公共关系的职能目标，熟练掌握中国特色公共关系的运行原理，高效利用中国特色公共关系的平台渠道，灵活运用中国特色公共关系的策略技巧，争做国家经济高质量发展的推动者，社会主义精神文明的引领者，构建人类命运共同体的贡献者。

新时代中国青年要继续发挥聪明才智，奋力走在创新创业创优创意的前沿，将一大批由青年领衔的"独角兽企业""瞪羚企业""斑马企业"等新生企业做大做强，打造中国品牌声誉，展示中国品牌形象，为共同富裕的中国式现代化提供新助力。

新时代中国青年要继续投身文化事业，大力弘扬社会主义先进文化、革命文化，传承中华文明基因，创造更丰富更优质的公共文化产品，发展数字创意、网络视听、线上演播等新兴文化产业，打造中国风格的"国潮"文化品牌，促进中华优秀传统文化

创造性转化和创新性发展，为精神文明的中国式现代化引领新风气。

新时代中国青年要继续参与全球治理，始终高举和平、发展、合作、共赢的旗帜，围绕脱贫减贫、气候变化、抗疫合作、危机管理等全球问题积极贡献中国智慧、提出中国主张，积极建设"一带一路"等国际合作平台，践行共商共建共享理念，推动构建人类命运共同体，创造人类文明新形态，为和平发展的中国式现代化贡献新力量。

发扬徽商精神——地方公共关系探索 [1]

2022 年 10 月中国共产党的二十大胜利召开，大会提出，中国式现代化是中国共产党领导的社会主义现代化，既有各国现代化的共同特征，更有中国自身现代化的特色。中国式现代化建设中的地方公共关系建设，也要按照党的二十大的战略部署和方针政策，结合本地实际，发扬地方特色，促进区域协调发展，实现高质量发展，在新实践中不断成长。

安徽省所处的长三角地区，是我国经济发展最活跃、开放程度最高、创新能力最强的区域之一，在国家现代化建设大局和全方位开放格局中具有举足轻重的战略地位。推动长三角一体化发展，增强长三角地区的创新能力和竞争能力，提高经济集聚度、区域连接性和政策协同效率，先行示范，对引领全国高质量发展、建设现代化经济体系意义重大。

在新时代 10 年伟大变革的基础上，安徽将进一步加快全面融入长三角的步伐，推进国家区域医疗中心试点项目、新安江百里大画廊、杭黄世界级自然生态和文化旅游廊道、金寨县"两源两地"红色旅游基础设施、长三角一体化气象服务保障安徽

---

① 本文作者：丁海中，安徽省公共关系协会会长，安徽省人大常委会财经委员会主任委员，中国公共关系协会副会长。

中心、长三角生态绿色康养基地和市级对口帮扶等重大项目建设，积极引入沪苏浙优质教育医疗文旅资源，提升公共服务供给质量，提高人民群众幸福指数，同时推进皖北承接产业转移集聚区、皖江城市带承接产业转移示范区、皖西大别山革命老区、省际毗邻地区新型功能区等重点区域板块建设，实施一批先进制造业、现代服务业、绿色农业、基础设施、公共服务、生态环保等项目，不断激发内生动力，增强高质量发展动能。在推动中国式现代化建设的地方公共关系建设中，我们要将着力点放在促进长三角一体化先行先示、创新引领上，与上海市、江苏省、浙江省的公共关系协会及各地市级公共关系协会加强合作，紧密对接，多领域、多方式协作，积极开展推动区域发展的各种活动，在深化融入长三角的过程中，不断强化自身建设，形成自身特色。

党的二十大提出，推进文化自信自强，铸就社会主义文化新辉煌。这是我们行动的重要指针。安徽有着深厚的徽商历史文化底蕴，徽商曾被喻为"徽骆驼"。徽商以徽州为基地，面向长三角，辐射全国，远播海外，在长达数百年的经营活动中，形成的"徽商精神"内涵极为丰富，以此为核心涵盖经济文化社会生活各领域的"徽文化"，则给我们留下了丰厚而宝贵的遗产。按照党的二十大的要求，结合安徽实际，在推进长三角一体化、率先建设中国特色现代化的新征程上，发扬徽商精神，传承徽商文化，增强文化自信、文化自强、文化自立，提高全社会文明程度，促进文化大发展，将是地方组织结合当地特色开展公共关系事业发展的重大任务。这需要我们地方公共关系协会进一步系统梳理，明确重点，逐步深入，取得突破性进展，做到既为全局争光，又为自身添彩。

为深入贯彻落实党的二十大精神，广泛践行社会主义核心价值观，促进地方社会组织学习社会主义核心价值内容，协会组织应立足安徽，面向会员单位及全社会开展宣传普及社会主义核心价值内涵的活动，这是我们开展地方公共关系建设工作的坚实基础。

我们要坚持以推动高质量发展为主题，以融入长三角一体化为主线，传承徽商文化精神，立足安徽，面向全国，做好会员服务工作，成为安徽各地政府、企业搭建经济社会发展资源对接的桥梁；大力开展"公关员"职业技能提升及竞赛考核，做好公共关系人才的培养及输送工作；深入乡村调研，做好乡村振兴文化发展工作；推动安徽地市公共关系学科的普及工作，发展地市级公共关系协会办事处工作职能；发展专业委员会建设进行专业化公共关系研讨工作；融入全国同行业组织合作活动，联合举办国际、国内大中型会议活动，广泛增强交流合作；加强全国范围内社团组织友好商协会组织交流工作；推进城乡融合和区域协调发展，推动经济实现质的有效提升和量的合理增长。

继续发挥协会优势，肩负使命担当，进一步明确公共关系事业在推进中国式现代化进程中所应发挥的重要作用，充分发挥政治引领、专业指导、服务联络等职能作用，着力搭建常态化学习培训平台、协同宣传平台、经验交流平台，引导融媒体组织坚持正确政治方向、舆论导向、价值取向，加快深度融合发展步伐，推进内容生产供给侧结构性改革，充分发挥移动传播矩阵和省级技术平台作用，探索"媒体＋"运行模式，同时深入贯彻落实党的二十大关于新闻舆论工作的重要精神，团结引领全省融媒体中心进一步加强舆论主阵地建设，体现好主流媒体的责任担当，发挥好引导和服务群众的平台职能，创新宣传报道，树立良好"安徽形象"，讲好"安徽故事"，为安徽经济社会高质量发展、加速融入长三角提供助力，为实现中华民族伟大复兴的中国梦做出新的更大贡献。

新技术助力价值分享，公共关系行业如何破局[①]

党的二十大报告指出："以中国式现代化全面推进中华民族伟大复兴。"这为中国公共关系行业的跨越发展提供了契机，也提出了更高更新的要求。在实现中国式现代化的事业中，在建设数字中国的事业中，在加强全媒体传播体系建设、塑造主流舆论新格局的事业中，公共关系行业都大有可为。

随着新兴技术的蓬勃发展，特别是大数据、5G、人工智能等科技的到来，公共关系传播的环境发生了重大变化，视频化、移动化、知识化、智能化转型，使公共关系和数字营销的新业态、新模式源源不断地产生，尤其是 AIGC（Artificial Intelligence Generated Content，即通过人工智能技术自动生成内容的生产方式）更为公共关系的发展带来了新的机遇和挑战。科技发展驱动公共关系行业的变革，进入新时代，公共关系从业人员应该思考在从 PGC（专业生产内容）到 UGC（用户生产内容）再到 AIGC 的传播形势之下，如何充分利用好新一轮数字科技革命带来的技术红利，在创新和变革中实现破局。

---

① 本文作者：黄小川，迪思传媒创始人、董事长。

一、从认知到转化是公共关系的发展趋势

早期大家谈公共关系，更多立足于影响品牌认知。近年来，随着互联网经济下半场的流量红利殆尽，无差异竞争的加剧使公共关系赛道日益拥挤，海量碎片化的内容不断分化注意力，加上新冠肺炎疫情给企业经营和传播带来的挑战，现在更多的企业愿意把预算放到转化上。公共关系已经进入存量时代，我们要把"流量思维"转化为"用户思维"，让消费者从"内容信息获取"到"交易转化"实现一体化。这是实现前链路认知到后链路转化最重要的方式。

在全链路营销传播体系里，具有价值的内容是核心，有势能的分享内容才能形成二次传播。在 Web1.0（个人计算机时代的互联网）之前的时代，内容主要由品牌和媒体生产，对消费者单向传播。而进入 Web2.0（内容互联网产品模式）时代以后，随着移动互联网带来的微博、微信、抖音、快手、B 站等社交媒体和新媒体平台的兴起，公共关系沟通早已不再是品牌单向的生产和传播。内容生产形成了从 OGC（职业生产内容）、PGC 到 UGC 三者并存的传播格局。大量用户参与传播内容创造、参与营销方向制定，影响甚至左右了内容生产流程。

因此，数字化技术应用的不断深入和内容的不断升级，是公共关系传播的两条主线。在新时代，随着 Web3.0（运行在区块链技术上的去中心化互联网）时代的到来，数字传播技术进一步衍化，公共关系必须基于 AI、VR、AR、MR（混合现实）、元宇宙等新技术展开探索，用技术手段帮助品牌与用户有效沟通、建立深层连接。

二、用好 AIGC，实现共享共创

近年来，随着智能技术的发展，AI 技术越来越成熟。根据中关村大数据产业联盟发布的《中国 AI 数字商业产业展望 2021—2025》报告，2025 年，中国 AI 数字商业核心支柱产业链规模将达到 1 853 亿元。在公共关系和内容创作领域，AI 也在不断深入。AIGC 已经逐渐成为公共关系和内容生产的一支重要力量。在 AIGC 方兴未艾之际，怎样实现和用户的互动、共创、共享，是公共关系从业人士需要思考的问题。

AIGC 能够从技术层面实现以低边际成本、高效率的方式满足海量个性化需求；能够支持数字内容与其他产业的多维互动、融合渗透，从而孕育新业态、新模式；能够加速复刻物理世界、进行无限内容创作，从而实现自发有机生长，助力元宇宙发展，成为数字内容创新发展的新引擎。

在 Web3.0 时代，基于区块链、去中心化、人工智能技术以及 VR、AR、MR 等终端设备的出现，人们可以越来越多地在虚拟世界和现实世界来回切换。AIGC 正在从虚拟数字人、数字藏品以及沉浸式虚拟互联场景等方面改变公共关系传播格局。虚拟数字人能够承载很多内容元素，增强消费者对品牌的黏性，获得话题与热度；数字藏品有利于从不同触点增强与消费者的联结；虚拟场景可以通过 3D（三维）沉浸式的展示空间和虚拟互动社区赋能销售，与终端产品连接，与用户连接。通过这些 AIGC，可以形成元宇宙的"人货场"，加速内容价值的释放。

三、规范 AIGC 发展，坚守内容分享价值

AIGC 批量生产和输出内容的方式，可以帮助品牌在社交平台实现快速霸屏，也能突破物理限制完成内容的输出。但同时要认识到，这项技术可以改变人物和物品的形象，让人难以辨别真假，如果被带有目的性地用于品牌舆论事件中，一旦失去了真实性，就会破坏正常的舆论环境和品牌传播环境，最后让品牌失去信任，这显然不利于品牌环境的发展，也不利于整个公共关系事业的发展。因此，AIGC 对于舆论环境和公共关系传播环境的影响是一把双刃剑，应规范 AIGC 的发展，鼓励创造有分享价值的真实内容，同时避免 AIGC 被滥用。

作为公共关系从业人员，应该认识到公共关系传播的本质和初心是建立人与人之间的真实沟通互动，只有真实有效的沟通才能达到传播效果。在使用 AIGC 时，应着力推动技术向善，塑造正确的技术使用价值观，让 AIGC 真正为企业品牌与消费者的真诚沟通做出贡献。

公共关系是一门艺术学科，也是一门技术学科。无论到什么阶段，公共关系行业的发展都离不开好的内容。越是在时代巨变之下，越要回归本质，坚持用真实内容为客户和消费者创造价值、建立信任。在中国式现代化的新形势下，要积极创新，转变思维方式，运用好 Web3.0 时代的 AIGC 等新手段，用有分享价值的内容帮助品牌实现从认知到转化的全链路传播。

品牌价值凸显，公共关系思维成传播核心纽带 [①]

在我国迈向全面建设社会主义现代化国家新征程、推进中国式现代化建设的过程中，公共关系作为沟通各个社会群体的重要手段，将起到至关重要的作用。华扬联众作为专业的传播服务企业，必须理解大政方针、坚定立足专业，积极参与行业发展和建设，为中国式现代化建设贡献应尽的职责和能力。

华扬联众自1994年成立至今，是伴随着中国高速发展而成长起来的传播服务型企业，28年来服务过的客户已经无法准确计算。在企业高速成长期，作为一家广告公司为业内所认知、认可。随后企业有过多次的战略转型升级，从数字广告代理一步一步走向国内领先的、以数字技术为核心的综合性传播服务企业。2019年，华扬联众成了2022年北京冬奥会唯一的传播服务商，并为冬奥会提供了全系列的国际公共关系专业服务。华扬联众全面服务北京冬奥会，不仅走上了世界舞台，也对公共关系服务行业有了全新的认知和提升，华扬联众全体系融入公共关系专业意识，以公共关系思维为导向的数字营销传播服务型企业发展战略正在逐步形成和完善。

对于中国的传播服务类行业而言，在10年前，广告、营销、

---

① 本文作者：苏同，华扬联众数字技术股份有限公司创始人、董事长。

公关、市场活动还是相对独立的模块，虽然可能同时服务一个品牌，但"专业性"的隔阂，导致客户传播效率大大下降，沟通成本居高不下。网络、智能技术的快速普及运用，给传播环境带来了巨变，也让原本相互隔阂的模块走向真正的融合。20世纪90年代，唐·舒尔茨第一次提出整合营销传播概念的时候，绝大多数传播从业者，还认为这仅仅是一个美好的"设想"，今天，融合媒体环境已经在事实上消灭了企业独立开展以上任何一项传播业务的土壤。当下，变身为"内容"的整合传播越来越重要。传统营销也开始裂变，一方面转向了传播学领域，在传播中实现了完整的营销链；另一方面则进入管理学领域，更深入、更准确地探究营销管理本身。无论是品牌传播还是营销传播，正演变为以品牌价值为导向的全过程整合传播体系。正是品牌价值和价值观的凸显，使公共关系思维成为整合传播体系的纽带与灵魂。

华扬联众参与2022年北京冬奥会的传播服务实践，可以充分证明这一点。在此次北京冬奥会的传播中，《双奥之城 城市之光》的视频传播项目获得巨大成功，赢得了各方的高度赞誉，这就是一个典型的整合传播项目。由公共关系服务团队牵头，在综合研判了舆情后，有针对性地做出传播方向与内容的策划，然后整合广告的创意与制作，完成共计13部视频的制作，再进行大规模投放。深入人心、贴合常态化情感与生活的内容，以及沉浸式视角的镜头编辑组合，不仅让首发传播就产生了非常好的效果，也创造了自媒体、社交媒体最大化的再传播，从而让这个项目成为整个北京冬奥会传播的经典案例之一。

随着社交软件的大规模普及，以及社会关系的进一步错综复杂化，传统公共关系服务行业也不再是单一的媒体关系和媒体传播服务。信息沟通已经从媒体传播逐步扩展到更为宽泛的领域，各种利益攸关者的公共关系更为复杂和重要。这也给公共关系服务行业提出了更严苛的能力挑战，以及更专业的水平要求。传统公关公司的"活动＋媒介"模式，已经无法给客户带来更优质、更适合的服务，必须彻底升级。

华扬联众在总结了服务北京冬奥会全过程的基础上，从2022年中期开始，以冬奥会服务团队为核心，重新组建公共关系服务团队，并同时组建了华扬联众战略传播研究院，整合国内公共关系学界、业界的优势资源，加大专业研究投入力度，以高端策略咨询顾问为切入点，开始探索全新的行业发展模式和道路。

行有道，知无涯。华扬联众作为中国传播服务领域的"老兵"，更切身理解中国式现代化建设道路上对传播服务的需要。中国式现代化建设需要新的中国故事、中国话语、中国阐释，需要业界对于中国式公共关系进行不断探索和创新，在企业传播、政府信息公开、城市传播、国际赛事传播等领域，甚至在社群传播、元宇宙、ESG等新领域，做出一批符合新时代的经典案例，用专业能力为中国式现代化建设做好注脚和诠释。

从产品到品牌，
公共关系助力品牌传播"三重跨越"[①]

从品牌建设的角度观察，新媒体背景下不同企业品牌传播有三类典型困境：一是新消费品牌冰火两重天的遭遇，昭示品牌危机突发性强且频发；二是品牌定位阐述"孤芳自赏"，导致议题设置效率低；三是品牌疲于追逐热点，致使传播资源利用率低。

三类典型困境发生的场景，分别对应品牌建设路径中的传播意图设定、形象定位阐述、传播行动纲领等环节。本文尝试从具体实例出发，以公共关系视角分析困境背后的原因，并结合具体公关实践，助力企业品牌建设实现"三重跨越"。

一、传播意图"跨越"：从声量出圈，到声誉累积

以某些品牌为代表的新消费品牌，一方面借助新媒体流量，与众多知名 IP 频频跨界，在收获用户青睐和资本支持的同时，又赢得品牌声量"出圈"，一时风头无两；另一方面却偶然被调侃为"××刺客"，引发舆论风暴，官方声明、意见领袖引导齐

---

① 本文作者：胡长青，奥美北京副总裁；罗志勇，奥美北京公关事业总经理。

上场却收效甚微，瞬间风声鹤唳。

（一）成也声量，败也声量

对于消费者之于产品或者服务的情感，管理大师彼得·德鲁克有非常清醒的认知："消费者仅仅想知道产品或服务未来会为他们做什么，所有关注只在于自己的价值和需求。"[①]

在传统媒体的时代，消费者很难将真实的声音及时反馈。新媒体时代，舆论的主导权已经发生了迁移。借助新媒体平台，用户不是单纯的信息接收者，也可以成为意见的提出者和分享者，甚至成为品牌对立联盟的拥护者、发起者。博取声量，可以赢得一时的青睐；如果要持久，必须获得长期的信任。

（二）以终为始，将声誉积累作为战略"护城河"

公共关系的特征之一是平等对话、双向沟通，从而建立信任，赢得真正的认同。相较于广告流量等营销手段，公共关系始终遵从事实，认真审视包括消费者在内的公众的利益，将声誉积累作为传播意图，从而构筑品牌"护城河"。

2021年，雀巢咖啡携手奥美北京，打造共享价值意义的参与计划——"醇香无尽"，展示雀巢帮扶云南咖啡农民绿色种植的公益行动，不仅让消费者意识到关注气候变化议题的重要性，

---

① ［美］彼得·德鲁克著，慈玉鹏、周正霞译：《认识管理》，机械工业出版社，2020年，第256页。

而且增进了与年轻的咖啡消费群体的互动。这个案例就是非常典型的利用公关手段，帮助品牌积累声誉。

二、形象定位"跨越"：从组织使命，到战略议题

与新消费品牌相比，部分品牌在传统媒体时代经常见诸报端，但现在它们却因为定位阐述佶屈聱牙，很难获得报道，乃至在舆论环境中渐渐销声匿迹。

（一）自说自话，难以赢得影响力

许多企业的公司使命，都来自管理者甚至创始人的想法。公司在传播沟通中，会直接用公司使命去设置议题。这种做法普遍存在两大弊病：一是自我阐述，无论是表述还是内涵，都很难打动受众；二是公司使命相似，很难在传播中帮助品牌脱颖而出。

在新媒体时代，公众更关注的是企业品牌主张是否动人，价值观是否具备时代精神和人文情怀。因此，要赢得公众的共鸣，企业必须从公众的视角出发，贴合时代特征和公众的感受，去梳理自身的价值定位，输出动人的主张，最终产出品牌核心战略议题。

（二）用战略议题，奏响品牌最强音

公共关系的根本目的是营造社会组织生存与发展的社会环

境，奠定组织持续发展的基础。①这个目的的达成，必须通过公关传播手段。传播手段展开的先决条件，便是要有一个核心战略议题。

一个成功的核心战略议题，需要符合以下三个标准：

1. 占领产业符号，找到极具产业号召力的核心议题；
2. 支持商业发展，聚焦公司战略优势领域；
3. 赢得公众影响力，表达符合时代特征，极具传播力。

奥美创始人大卫·奥格威说过："除非你的品牌建立在伟大的创意上，否则它就像夜航的船，不为人所注意。"②同样，除非你的品牌有了宏大的战略议题，否则它就像夜航的船，不为人所注意。

三、传播行动"跨越"：从流量角逐，到系统规划

此外，还有一些品牌疲于追逐热点，即使偶尔有看似不错的内容产出，但不能构建积极的品牌联想，反而造成传播资源浪费。

---

① 蒋楠：《公共关系原理与实务（第三版）》，中国人民大学出版社，2013年，第39页。
② ［美］大卫·奥格威著，林桦译：《一个广告人的自白：纪念版》，中信出版社，2015年，第102~103页。

（一）效仿跟风，进退失据

某新能源电动车品牌领先者之一，在其旗舰车发布时，首席执行官效仿手机行业的噱头营销，以"500万元内最好的家庭旗舰座驾"作为核心话题，进行发布会传播。从后续传播效果来看，这确实引发了热议，但热议话题除了部分明显的投放媒体之外，其余都是调侃的口吻。大家对这个话题进行质疑，甚至很多媒体还进一步深刻反思新能源汽车是否缺乏原创力，以至于许多重要媒体由此否定甚至抹杀了整个国内新能源行业的进步。

此次跟风效仿，除了引发表面的热议，还造成很大的传播资源浪费。本来可能成为企业品牌传播资产的旗舰座驾发布，却成为损害品牌甚至损害新能源产业形象的导火线。

（二）传播行动系统规划法则：战略牵引、超级内容、舆论共赢

传统时代"大创意＋大媒体＋大投放"的传播效果，越来越不尽如人意。究其原因，一是新媒体时代，受众注意力"雾霾化"趋势越来越明显；二是媒体影响力呈多中心、垂直化的特征，品牌借助媒体引爆议题的难度越来越大。

深度洞察组织生存环境，助力组织尤其是企业可持续发展，是公共关系的终极要义。在新媒体环境下，企业落地传播行动要做到以下几点。

1. 着眼长远，发挥战略议题的牵引力

在品牌服务实践中，很多企业都会有品牌焕新的需求。当前端策略梳理和视觉表达完成后，在回答如何进行系统的品牌传播行动规划这一问题时，许多企业品牌会发起焕新传播战役，以期收获"出圈"效果。当然，传播战役要想取得胜利，对于新品牌议题的公众认知度教育固然重要，但更重要的是，企业需要着眼长远，一切行动以战略议题为准绳，发挥议题的战略牵引力，在公众中建立心智，形成长期品牌信任。

2. 立足创新，塑造超级内容的影响力

公关对品牌传播行动的价值，不仅在于能持续输出正面信息，更在于能通过创造品牌标签、高层讲话、事件定调等深度及专业内容，建立超级影响力。

以国内互联网平台品牌微博为例，历经长时间的专业规划和深度沟通，知名财经媒体以《微博的二次崛起》为题发表了封面故事报道。该报道通过非常详尽的产业数据和影响力分析，力证微博二次崛起。这次传播策划，不仅助力微博品牌重新回到互联网中心舞台，还被定义为"在互联网的历史上，第一个从流行到沉寂之后，还能再次流行起来的产品"。

3. 多方对话，形成舆论共赢的融合力

公关一直以公众为传播行动的影响目标。此处的公众，一般包括政府、产业各方、消费者／用户等相关利益群体。企业传播行动，必须梳理 ToG（面向政府部门用户）、ToB（面向企业）、

ToC（面向个人）的逻辑叙事，形成舆论共赢的融合力，助力品牌创建。

在学界，公共关系一直被当作营销的附属工具。在新媒体时代，作为专业公关人员，我们一直在传播意图、形象定位、传播行动等方面耕耘实践，致力于发现公关的新价值，拓展公关功能的新边界，以期消除"公共关系只是营销工具"的偏见。

新世纪的公关大观 [1]

今天的传播环境，充斥着太多的新词和热词。营销世界要"仪式"，圈子传播讲"裂变"，品牌塑造要靠"使命和愿景"，社交传播要"人设"，传播现象要"出圈"，这些充斥网络的工作语言到底指什么？为何这些词语在今天被创造和使用？我们借助仪式观、游戏观、文化观、表演观和娱乐观一探究竟。

一、公关的仪式观

"仪式感"这个词近几年在营销界大火，大到活动盛事，小到日常细节，无论干什么都想拿"仪式感"做包装。可仪式感到底在说什么？

以《小王子》中"驯养狐狸"的片段为例，"仪式"这个词的提出和解释都是源于狐狸，而不是小王子。狐狸用仪式去浓缩它日常生活的幸福片段，也用仪式占有了小王子每天这一个小时的时间。这种幸福是人为建构的意义场景。它对仪式的解读正如今日营销界盛传的一句话——"让你的这一天与其他日子不同，你的这一时刻与其他时刻不同"。

---

[1] 本文作者：吉霄雯，奥美深圳公关副总裁。

在这个童话故事里，仪式至少有三个关键特征：象征性、规范性、共享性。象征性是说"仪式"没有实际的用途，甚至从某个角度看，它是多余的，它只是用来表达我们头脑中的某个概念，或者满足我们某种精神上的需求。仪式也得是规范的，有一套动作和操作程序。共享性是说仪式的相关者都有参与感，而且他们共享这个仪式背后的内涵和意义，可以形成一种集体记忆。

既然仪式没什么实际用途，又具备严格的规范性，那么为什么公关营销界都要执着地去营造出一种仪式感？归根结底，是因为目标受众的心理需求。当代有太多诱惑，容易在混沌的世界迷失自我，需要一种周期性或制度性的外在行为，不断提醒和确认"我是谁"，而"仪式感"就是召唤自我的一种方式。

我们处在一个符号消费的时代，日常的公关实践中，经常借用仪式感打造一套行为的表达系统，提升消费者购买或使用商品的感受，从而使他们的生活充满期待和质感，最终确认自己的身份归属。

二、公关的游戏观

游戏无处不在，但我们今天所说的游戏，可不是那些具体的玩法。不过这些渗透在生活场景中的游戏，可以帮助我们具体地感知它的定义和特征。

游戏情景都具有几个要素：遵循规则、自愿参与、交互影响、身心愉悦。因此，游戏就是我们在尊重一定规则和秩序的前提下，自愿参与的一场行动。在这场行动中，我们在和他人充分交互后，产生身心愉悦的情感。

公关的游戏观如何理解？举一个有关三顿半的例子。

成立于 2015 年的三顿半，致力于做速溶咖啡。挖掘它营销上的成功秘诀，有一个卷入消费者的金牌计划——"返航计划"。三顿半的咖啡包装是一个个不同颜色、不同号码的微型咖啡杯，小巧可爱。虽然有新意，但是每喝一杯就留下一个微型咖啡杯，容易让一些有环保意识的消费者产生负罪感。于是三顿半发明了"返航计划"，号召消费者如指引巡游太空的舰队返航一般，把喝过的空杯子送到指定回收点，便于二次加工和循环使用，凭此可以兑换新的咖啡或者小礼品。

这个案例有深刻的游戏印记。首先，它设计了游戏规则，只要消费者收集咖啡杯包装，寄送回指定地点，就完成了一次环保行为，还能兑换礼物。其次，活动都是自愿的且有交互的。最后，参与者在这个过程中能体会到愉悦的情感。所谓的传播裂变升级，卷入更多受众，就是在这个过程中悄无声息地发生的。

游戏是这个时代非常有效的沟通方式，不仅是为了激发参与双方的娱乐兴致，而且更多的是看作一种对话互动，游戏设计者可以通过游戏的规则和目的向游戏参与者展现品牌的定位、使命和价值观。同样，游戏参与者也可以通过解读游戏规则和参与互动来理解和支持品牌遵循的理念。

三、公关的文化观

品牌打造往往是企业在度过生存期之后，创始人反思和自问的一个问题，这个时候，文化观的重要性就显示出来了。这里所说的品牌需要的文化观，更多落在一种文化张力的提出上，一种由于阶层流动、科技变革、信仰变化和社会运动引发的目标群体内心深处的渴望和需求，这种渴望和需求是正当合理的，也是企业的商业实践可以给予慰藉和关怀的。

举个例子，在华为走向国际化的过程中，奥美作为其战略合作伙伴，曾经两次助力其梳理品牌愿景。第一次是在 2014 年，4G（第四代移动通信技术）处于普及和推广期，移动互联网处于萌生状态，华为需要用当时的核心技术回扣时代的议题。奥美经调研发现，数字鸿沟会成为当下和未来世界发展不平衡的重要原因，这是技术变革带来的文化张力。为了回应这个张力，华为定位自己的品牌愿景是"共建全联接世界"，希望用"联接"让世界变得更美好，让创新有无限可能。第二次品牌梳理发生在 2019 年，那时 4G 已经普及，移动互联网在中国逐步成熟，并在全球进入高速发展期，全球的科技企业都在智能和 5G 上争夺赛道，这时的华为需要与时俱进的世界格局，于是升级品牌愿景为"构建万物互联的智能世界"。

"没有成功的企业，只有时代的企业。"这句话是海尔的创始人张瑞敏先生讲的。既然是时代的企业，就说明企业带有时代的印记，除了有形的产品，无形的品牌话语是连接时代和企业的一个桥梁，而文化观被高度地浓缩在企业品牌的表达中，值得公关实践者在企业品牌打造的过程中去思考和提炼。

四、公关的表演观

表演观也可以称为戏剧观。如今常说的"人设"，就是我们每个人在日常生活中印象管理的台前设置，当这个设置稳定之后，观众对我们的表演就有所期待，我们未来的言行举止都要遵从这个印象，尽量符合观众的期待。一旦出了纰漏，表演失败，人设坍塌，信任危机就出现了。

表演论的核心告诉我们，在特定的观众面前，每个人都在"表演"。既然是表演，人设就是一种对前台角色的目的性思考。但人设毕竟是表演开启的第一步，更长远、更关键的是需要在观众面前一直维持"人设"印象。因此，戈夫曼说，"真诚"的"表演"很重要，这里的真诚，本质上是尊重人设、向往人设、钻入人设、信奉人设，这不是一朝一夕的表面假扮，而是源自内心的自愿遵守。

五、公关的娱乐观

时至今日，娱乐传播的有效性已经渗透进社会的各个方面。一切传播行为，裹挟着娱乐的成分外衣，就变异成新事物，吸引着公众好奇的目光。

在评价今天的营销现象时，客户最喜欢用的一个词恐怕是"出圈"。"出圈"就是传播讨论度或者关注度超出了自己所属的范围，跳出了常规应该了解这个现象的注意力圈层。

现代的媒体环境和数码科技，可以有很多方式制造"出圈"效果。不过给常规传统的内容注入娱乐色彩，是最常用的做法。打造城市营销，将城市的风貌浓缩在一首 rap（说唱）歌曲中，或者集合城市的美食在脱口秀段子中。这方面的成功案例不少，比如，新华社围绕新时代场景拍摄宣扬中国共产党的国际短片，共青团挑选普通人构思一部部微电影，彩虹合唱团用交响乐的阵势演唱家长里短，等等。这些产品优势明显，立刻形成自传播高潮。城市形象、政府事务传播、借势热点传播，这些常规的公关课题因为娱乐因素的渗入，打造出一系列现象级事件。

实践证明，身处今天的传播语境，我们只有正确认识和看待"娱乐化"引发的"出圈"现象，才有机会用娱乐化的方式恰当并有效地普及更多知识性、历史性、严肃性的传播话题，反之不慎就会招致闹剧，有损品牌声誉。

新时代的公共关系：
以"3RONG/容融荣"理念促进有效沟通 [①]

　　今天的消费者、品牌、企业乃至于国家都处在一个极具挑战的年代。从传播的角度来看，过往熟悉的概念和做法不足以解决遇到的各种问题。多年辛苦经营的良好声誉，可能因为一时的大意或误解而毁于一旦。品牌、企业和国家的形象构建任务艰巨。

　　如何实现有效沟通？本文从"三个现象和两个维度"的角度来探讨。

一、三个现象

　　现象一：自从社交媒体出现，人类开始有了过度简化思考与陈述事实的习惯。因为平台的限制（和鼓励），人们需要将想法和论述缩短到 140 个文字或字母，或是用图形、"懒人包"来试图做阐述，而现今流行的各种短视频更是取代了文字的表述。这个现象给人与人沟通的过程中最关键的步骤——定义（definition）——留下了很大的误解空间：复杂事务能够用 140

---

①　本文作者：李蕾，万博宣伟原中国区总裁，资深跨界、跨文化传播工作者。

个字说清楚吗？如果不行，那么沟通的对象可能要问："你到底在说什么？"或是质疑："我们在讲同一件事吗？""你用的术语和词语跟我所理解的是同一个吗？"

记得以前跟外国的同事开会讨论方案时，他们常常说方案缺乏"创意"。创意这个词本身就很主观，是文案不够吸引人，还是色彩不够鲜艳，抑或是配乐不够激情？如果连"创意"的定义都搞不清楚，来来回回讨论基本是在浪费时间。而今天我们处在一个复杂多变的世界，有很多新的名词出现了，或是原有的词语被赋予了新的定义和解释。如果这时候我们甚至在没有正确地理解对方在说什么的情况下就匆匆反驳，那么从传播沟通的角度来说这增加了更多的成本。

现象二：自古以来人类是靠群居生活而有了发展。"圈子"成了拓展人脉、商业发展不可或缺的工具。但是"圈子"也有可能带来局限性，尤其是在社交媒体泛滥的时代，"圈子"反而妨碍了我们对多元世界的理解。因为我们只看自己"朋友圈"所分享的信息，而忘记在我们舒适范围之外还有一个持有不同观点和价值观的世界。就如几年前英国举行"脱欧"公投，当时许多人根本不相信愿意"脱欧"的会是多数（因为他们的朋友圈都是支持英国留在欧盟的人），而没有机会理解在这个圈子之外其实还有很多人持有不同的想法。当虚拟的认知遇上了活生生的真实，所带来的震撼是非常大的。"圈子"带来的片面观点会使我们对更广泛的现实视而不见。而随着时间的推移，我们慢慢只相信自己的认知是正确的、唯一的（我们周围的人也强化了我们的片面认知）。久而久之，我们越来越不能与持不同观点的人相处，导致沟通的管道"掉链子"，更多的误解由此产生。

现象三：近几年新技术发展迅速，虽然使传播更加便捷，但对沟通效果也产生了不同的作用。当每一个人都拥有可以直接获取和发布信息的联网设备时，往往会产生一种"我所见即所信"的错觉和现象。曾经信息中介机构（报纸、电视、广播）为我们提供了事实的陈述和不同角度的分析，供读者参考并协助每个人树立自己的观点。然而，在今天当各种信息在技术的支持下能够直接到达人们的手中并迅速形成某些结论时，我们却少了该有的对事情的独立探讨精神和理性分析态度，多了情绪化的表达（如网上霸凌）。从传播的角度来说，这并不是我们期待的效果。

二、两个维度

上述的三个现象已经让传播非常具有挑战性了，如果再加上两个维度，挑战就会翻倍。而这两个维度正是传播的最大障碍：语言和文化。再好的翻译也很难把意思表达得清清楚楚，因为语言表达在很大程度上受到文化的影响。语言翻译并不难，AI 都可以做到。但是要理解语言背后的文化底蕴，并在翻译的过程中把复杂的文化背景也诠释清楚，就不容易了。今天世界上的许多问题——不管是品牌与消费者之间，还是国与国之间——或多或少都可以追溯到"词不达真意"的根本问题，进而产生沟通缝隙和误解。误解一旦存在，信任就很难建立。

在全球变局的历史机遇期，新时代的公共关系可以将"消除误解"列为新使命之一，借由有效沟通的力量降低上述挑战所带来的负面影响。用包容的心态、融合的举措来降低误解所带来的高成本。利用"3RONG/ 容融荣"理念搭建起一系列可持续、跨界、跨文化、跨年龄等的沟通平台来促进群体之间的有效沟通，协助不同群体增进彼此的理解。

中国公共关系协会应该以建立新型"词汇库"的方式协助大众清晰了解一些新名词的定义和意义。后疫情时代世界有了根本的变化，许多事情需要重启，要用包容的心态去重新认识。通过"新时代新词汇库"的收集和解释，帮助世界清晰准确地理解当代中国所用的新型词汇含义，增进相互理解和信任。与此同时，收集国际的新词汇并提供解释给国内民众、企业等也很有必要。在这方面，中国公共关系协会大有可为。

以活动的方式让大家跨出熟悉的"圈子"。公共关系机构要搭建各种平台（论坛、研讨会、培训等），让平时处在不同圈子的人有机会接触，鼓励人们相互认识，接触更多有不同意见的人。以包容的心态来设计各种活动，促进交流和沟通来降低误解为最大公约数。可以考虑与欧美公共关系协会一起定期举办活动，同时提升行业的发展和跨国际人才的培养。

持续倡导文明、理性沟通。可以以行业的名义发表类似"移动互联网文明沟通行为准则"倡议书，与科技公司建立关系、结盟合作，促进在快速变迁的移动互联网环境里培育健康、良性、正能量的沟通环境。倡议可以延伸到国际，与欧美行业协会一同合作，降低误解所带来的负面氛围，一同呼吁和创造更好的沟通环境。将良好的行为准则与科技进行融合，促进更友善、更有效的沟通。

不同于广告，公共关系是通过传播、互动、沟通来改变对方的思维。唯有思维改变了，广告才能助推行为的改变。新时代新征程上，公共关系将在各群体相互理解的过程中扮演重要的"推手"和"润滑剂"的角色。公共关系要以"3RONG/ 容融荣"的理念促进各方的相互理解——用包容的心态接纳不同意见和声音，促进各方面的融合来提升更有效的双向沟通，在消除误解的过程中促进双方更多的信任，进而助力行业的进步、市场和人类关系的繁荣发展。

注册制时代上市公司的公关之道 [①]

　　近年来，中国资本市场持续深化改革，注册制作为中国资本市场深化改革的关键举措之一，从 2019 年 7 月在科创板试点以来，经过 3 年多的时间，A 股公司的供给明显加速，加之新《证券法》[②] 的实施，A 股生态出现明显变化。上市公司地位稀缺性的下降，促使企业从过往追求规模向追求高质量发展转变，也使企业深刻认识到，处理好政府关系（GR）、媒体关系（PR）以及投资者关系（IR）是注册制时代来临后在资本市场行稳致远的重要保障。

一、资本市场深化改革推动上市公司重视三大公共关系

　　2019 年，注册制在科创板率先试点，截至 2022 年 9 月 30 日，注册制试点以来共有 1 393 家企业登陆 A 股市场，上市公司总数达到 4 943 家，总市值超过 80 万亿元。上市公司数量供给的快速增长，使中国资本市场供需环境发生了深刻变化，逢新必涨的"新股不败"神话不再，市场中无论是公司市值还是交投情

---

① 　本文作者：雷震，北京金证互通资本服务股份有限公司总经理助理；
　　程豫鹏，北京金证互通资本服务股份有限公司研究员。
② 　国家法律法规数据库：《中华人民共和国证券法》，2019 年 12 月 28 日。

况，"二八"分化的情况越来越明显。

与此同时，证券市场法治化、规范化的进程持续稳步推进。修订后的《证券法》于2020年3月1日起施行，显著提高了违法违规成本，加大了投资者保护力度。证监会于2022年4月修订发布的新版《上市公司投资者关系管理工作指引》[①]，则成为上市公司在投资者关系领域的行动指南。

从新《证券法》设置投资者保护专章，到新版《上市公司投资者关系管理工作指引》的发布，监管环境越来越体现对投资者尤其是中小投资者的权益保护，市场环境的变化客观上需要上市公司更加注重公共关系的沟通，及时了解监管层、投资者乃至公众的诉求，树立企业的良好形象。[②] 同时，在市场资源配置呈现"两极分化"的趋势背景下，处理好上述关系，实现公司内在价值和市场价值的匹配，也是当前众多上市公司强化治理、追求高质量发展的应有之义。

二、处理好政府及监管的关系是资本市场深化改革的必然要求

资本市场深化改革，监管部门是市场化约束机制中的核心环节，在"放松管制、加强监管"的指引下，加强与政府及监管部门的联系与沟通，是上市公司不可忽视的一点。

---

① 中国证监会：《上市公司投资者关系管理工作指引》，2022年4月11日。
② 唐维：《好的投关可使公司价值提升30%！投关迈入新时代，怎么提升？应注意哪些问题？有哪些挑战……这场对话告诉你》，《证券时报》，2022年7月20日。

在事前阶段，上市公司可以设立对标企业，统计分析同行业、同市场上市公司收到警示函、关注函、问询函的"重灾区"，并重点对照核查公司是否存在相似的情形，避免重蹈覆辙；同时，主动进行常态化的监管咨询和反馈，并定期参与交易所、上市公司协会等官方机构举办的各类资本市场实务培训，降低由于不了解、不熟悉、不知情等而违反证券法规事件的发生概率。

在事中阶段，由于监管往往抓住公司的"痛点"深究细问，面对监管的询问，最高效的做法应当是秉承真实、全面、及时的原则进行回应，同时对被揭示的"痛点"做好舆情、投资者关系方面的应对预案，必要时引入专业第三方机构作为咨询顾问，将负面影响降至最低，避免因拖延造成事态影响进一步扩大。

三、处理好媒体关系是上市公司稳健发展的现实需求

近几年自媒体和短视频的快速崛起，使注册制时代的媒体环境与过去相比有了巨大的不同。媒体结构变化，发布主体多元，媒体发布目的不同，很多上市公司往往投入了较大的精力来维护媒体关系，以得到一个对发展有利的相对宽松的舆论环境。但处理好媒体关系，不等于可以影响媒体报道的独立性。上市公司应当及时关注媒体的宣传报道，必要时予以适当回应。[①]

---

① 兰晓悦：《章和投资高国垒：注册制下企业上市内外沟通的制胜逻辑》，2021年2月3日。

（一）要上市，先过媒体关

注册制时代，另一个引发媒体高度关注的群体就是拟上市公司。根据金证互通的统计，科创板、创业板、北交所三个试点注册制的板块，2021年全年有超过7 000篇敏感报道出现，几乎每一家新股都不可避免地有几篇甚至更多的敏感报道，从其预披露招股书到上市注册阶段出现（见图1）。

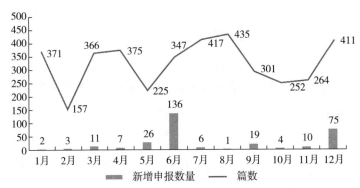

图1　2021年创业板IPO敏感报道走势及注册制新受理企业趋势
资料来源：金证互通。

这也意味着，无论企业愿意与否，作为准公众公司，必然会在聚光灯下被媒体和投资者审视，要上市，先过媒体关。因此，日常做好媒体关系维护，营造好的舆论环境，是企业上市道路上的必修课。

（二）上市后，把好舆情关

对于上市公司而言，对媒体上出现的关于公司有可能产生重大影响的报道，无论是利好还是利空，都有进行澄清说明的义务，这既是相关法规对上市公司提出的要求，也是维护自身良好形象的关键。否则负面舆情的发酵和由此衍生的负面反馈，往往容易形成恶性循环，尤其是在全媒体传播的新时代，一家企业遭遇舆论危机后，如果不能在最短的时间内进行有效管理，则极有可能让企业在资本市场的声誉受损，严重时可能会影响公司的正常经营。

（三）自建渠道传播价值蔚然成风

在如今接近 5 000 家的 A 股市场规模下，世界快消龙头的商业策略同样适用于资本市场——"酒香也怕巷子深"。越来越多的上市公司通过设立官方公众号、视频号、微博账号等举措，扩大自身发声渠道，传播企业价值，以实现提升市场关注度和维护公众形象的目标。

企业自有的新媒体，除了公众号，微信视频号和抖音号的开通率分别为 33.14% 和 26.8%，均高于微博 25.72% 的开通率，显示视频平台上公司自媒体正在"异军突起"。

四、处理好投资者关系是注册制下上市公司的内生动力

注册制试点，让众多创新型的中小企业、细分行业龙头能够通过比以往审核制快得多的速度实现上市梦。A 股以每年平均超过 450 家的扩容速度，使市场供需状况发生根本性变化，也极大

地分散了投资者的关注度，增加了挑选投资标的的难度。[①]

（一）业绩说明会成为 A 股标配

近年来，随着监管部门和自律组织的积极引导，上市公司投资者管理意识的提升，投资者股东意识的逐渐觉醒，业绩说明会这种原本只是创业板中规定的与投资者交流的形式，已经成为A 股上市公司的标配。中国上市公司协会的统计数据显示，近 3年，上市公司召开业绩说明会的比例逐年提升，截至 2022 年 6月 30 日，央企控股的上市公司基本全部召开了业绩说明会。

（二）机构调研成倍增长

上市公司调研成为快速了解投资标的的最直接途径，也成为投资者关系工作中越来越重要的工作内容。

券商分析师出具的研报，往往是机构投资者重点参考的购买依据之一，但市值低于 50 亿元的上市公司仅有 4% 左右获得研报覆盖，而在认为股价被低估的公司中，100 亿元以下市值的企业占比高达 2/3。这也意味着中小市值上市公司在资本市场获得的机构关注度偏小，需要制定更为系统化的投资者关系策略。

---

① 新财富：《投关迎来主动管理新时代，金证互通助力上市公司价值发现》，2022 年 9 月 16 日。

（三）发掘投资者关系工作内生动力

投资者关系管理的核心也是预期管理，无论是出于资本市场长期衍化，还是监管意志的要求，抑或是公司自身发展的必要，畅通上市公司与投资者之间的信息渠道，实现与投资者的良性互动，消除盲目跟风投机现象，推广并强化长期投资、价值投资的理念，是当前所有上市公司都需要持续重视、不断进步的主要方向。

五、借助第三方机构力量做好公共关系管理已成趋势

根据《上市公司投资者关系工作年度报告（2021）》[①]的数据，在接受调查的 3 300 多家上市公司中，表示"未借助任何外界工具或辅助服务"的上市公司的比例从 2019 年度的 37.84%，大幅降至 9.37%。企业普遍认为，通过第三方辅助，一方面，可以解决投资者关系团队人手不足的问题；另一方面，投资者关系工作本身专业性较强，借助第三方同时也能有效解决"新手"增多、从业经验不足的问题。

而"舆情监测或媒体关系维护""第三方协助组织机构投资者或分析师交流会""投资者关系管理培训"等需求，高居上市公司采用第三方服务辅助投资者关系工作需求的前三位。

上市公司公共关系的应对和处理，直接关系到公司的资本市

---

① 中证中小投资者服务中心、资本市场学院和全景网：《上市公司投资者关系工作年度报告（2021）》，2022 年 7 月 29 日。

场表现乃至日常经营，重要程度不言而喻。事前的应对准备、事中的危机处理以及事后的收尾总结，各方面都需要谨慎对待。因此，对人员的专业素质和数量都提出了较高的要求，而 A 股中超过八成的上市公司未设立独立的投资者关系部门，近三成公司未设立投资者关系专职岗位，且考核机制、部门协同等方面也有待加强。

然而，众多上市公司尤其是市值偏小的公司，由于自身人员、资源等要素所限，难以配置政府关系、媒体关系以及投资者关系，在信息披露压力日益增大的情况下，为达到高标准、高成效、高主动性的目标，适当借助专业的第三方机构协助公共关系管理工作的进行，例如投资者的日常维护、重大活动的组织和邀请、媒体运营等，不失为一个有效的方式。

国际探索篇

新时代中国国家形象新变化与公共关系新进路 [①]

　　党的十八大以来，以习近平同志为核心的党中央高度重视国际传播工作。2021 年 5 月 31 日，习近平总书记在主持中央政治局第三十次集体学习时强调，"努力塑造可信、可爱、可敬的中国形象"，"展示丰富多彩、生动立体的中国形象"。新时代新征程中，需要积极发挥公共关系传播引导、协调各方的作用，对外讲好中国故事，更多参与塑造国家形象、赢得公众广泛信任与支持的工作。反过来，中国国家形象的不断完善，也是不断调试当代中国与世界关系的过程，有助于促进世界更好地了解中国，推动中国更好地融入世界。

　　国家形象是"自塑"与"他塑"互动的过程。由于国内外民众对中国形象的认知存在"落差"，因此推动中华文化更好地走向世界，展现真实、立体、全面的中国，掌握中国的海外认知度是首要问题。为及时准确掌握国际民众对中国国家形象的看法与认知，当代中国与世界研究院自 2012 年起，连续发布中国国家形象调查报告，打造中国国家形象全球调研平台。截至 2022 年 12 月，该平台已完成 9 份年度调查报告，累计访问样本超 10 万

---

① 本文作者：于运全，当代中国与世界研究院院长；王丹，当代中国与世界研究院传播中心副主任。

个，成为国内首个定期、持续发布大型中国国家形象调查报告的自主调研平台。分析此项一手民调数据，可以发现国际社会对中国形象认知的演变趋势，有利于进一步提升国家形象传播工作的针对性，提高中国理念、中国精神与中国价值国际传播的有效性。

一、中国国家形象之变

（一）中国好感度稳步提升，国家形象整体积极向好

党的十八大以来，中国在国际舞台上越来越多地承担大国责任，在全球治理和国际事务方面展现出大国担当，赢得了越来越多的理性认可。调查数据显示，2013—2019 年，中国国家形象得分持续稳步增长，2019 年对比 2013 年平均得分提升了 12.5 个百分点，国际受访者对中国的好感度显著增强。

在新冠肺炎疫情发生之前，大部分国家对中国形象的整体打分稳步提高。特别是沙特阿拉伯的受访者，2021 年对中国的打分相比 2015 年提高了 0.9 分。① 除此之外，印度尼西亚（增加 0.5 分）、日本（增加 0.5 分）、土耳其（增加 0.5 分）、南非（增加 0.4 分）和阿根廷（增加 0.4 分）等国家的受访者对中国的评价也提升较多。

2020 年受新冠肺炎疫情影响，各国的整体形象打分均有不同程度的下降，包括中国。但是，随着中国控制疫情的效果显著，同时积极参与国际抗疫合作，中国对全球抗疫做出的重要贡

---

① 本文打分类题目满分为 10 分。

献得到了国际受访者的认可，中国形象的总体评价在 2021 年实现快速恢复，特别是对中国了解程度高的国际受访者（增加 0.5 分）相比对中国了解程度低的受访者（增加 0.2 分）提升更多。印度（增加 0.7 分）、南非（增加 0.7 分）、美国（增加 0.6 分）、澳大利亚（增加 0.5 分）、土耳其（增加 0.5 分）、英国（增加 0.5 分）、巴西（增加 0.5 分）、法国（增加 0.5 分）、智利（增加 0.4 分）、俄罗斯（增加 0.4 分）和沙特阿拉伯（增加 0.4 分）等国家对中国的整体评分提升较多。2021 年的调查数据显示，金砖国家受访者对中国的整体评价也提升较多（增加 0.5 分）。遵循开放透明、团结互助、深化合作、共谋发展原则和"开放、包容、合作、共赢"的精神，中国与巴西、俄罗斯、印度、南非发展了更紧密、更全面、更牢固的伙伴关系。同时，随着我国与共建"一带一路"国家经贸合作的不断深化，助力一些国家发展经济和改善民生，拉动了共建"一带一路"国家受访者对中国整体形象认可度的提升（增加 0.4 分）。

（二）中国的全球大国形象愈加鲜明

党的十八大以来，中国全面推进中国特色大国外交，推动构建人类命运共同体，推动构建新型国际关系，积极参与全球治理体系改革和建设，中国的全球大国形象显著提升。越来越多的国际受访者逐渐感受到中国在全球治理上的卓越贡献，对中国的具体印象也不仅仅停留在历史悠久的文明古国，对中国是"全球发展的贡献者"的认可度从 2013 年的仅 15% 跃升至 2018 年的 48%，中国的全球大国形象已成为中国形象较为亮眼的名片。

2022 年，国际受访者对中国最深的印象是：国际公共产品的提供者（47%）、全球发展的贡献者（46%），以及历史悠久、充满魅力的东方大国（42%）。长期以来，海外受访者对中国的印象是历史悠久、充满魅力的东方大国。2022 年的数据显示，国际公共产品的提供者一跃成为新阶段较为鲜明的中国形象。海外受访者希望中国未来着力塑造全球发展的贡献者、国际公共产品的提供者和负责任大国的形象。

国际青年一直以来更认可中国对全球发展的贡献，并且随着中国国际事务影响力的不断提升，国际青年对"中国是全球发展的贡献者"的认可度超过"历史悠久、充满魅力的东方大国"这一传统形象。同时，国际青年也更坚信未来中国对全球的影响会不断加强，认为中国的国际地位和全球影响力将会持续增强的比例也大幅提升，从 2017 年的 36% 增长到了 2021 年的 57%。

（三）中国共产党的国际形象不断提升

2014 年 10 月 8 日，在党的群众路线教育实践活动总结大会上，习近平总书记首次提出"全面推进从严治党"。经过多年努力，新时代全面从严治党取得了历史性、开创性成就。国际受访者对中国共产党在坚持党的领导、党的政治建设、正风肃纪反腐、完善监督体系等方面的评价也在不断提高。2022 年，党如何反腐败、如何摆脱贫困、如何治理国家是受访者最希望了解的三个方面。具有很强的组织动员能力是海外受访者对党的形象最深的印象（73%），其次是全面从严治党（70%）、学习和创新能力强（69%）。海外受访者对中国共产党"为民族谋复兴"的评价较高，其次是"为人民谋幸福""为世界谋大同"。对中国了解程度高和到过中国的受访者对中国有更加真实的感受，认为中国共产党"形象不断提升"的比例也提升较多。

在2021年的调查中，各国认为中国共产党"形象不断提升"的比例较2020年有所提升。俄罗斯受访者高度认可中国共产党，其中63%的人认为中国共产党"形象不断提升"（相比2020年提高3个百分点）。2022年，受访者认为中国共产党成功的主要原因是有严明的纪律规矩，其次是有强大的领导能力。发展中国家、金砖五国的受访者对此认可度更高。海外受访者认为中国共产党应着重塑造"保障人权、实现全过程人民民主""公平正义、责任担当的坚定实践者"的形象。

（四）中国道路的国际认同感不断提高

经过多年的努力，中国脱贫攻坚取得非凡成就，提前10年实现联合国《2030年可持续发展议程》的减贫目标。国际社会特别是发展中国家对中国道路的认可度不断提升，希望学习借鉴中国的有效举措。2021年的调查数据显示，60%的发展中国家受访者认可中国的扶贫工作成效卓越、值得称赞，并认为中国的减贫方案和做法值得本国借鉴，期待中国能够开展国际减贫合作，为其他发展中国家摆脱贫困做出贡献。

过去10年是中国高速发展的10年，中国发展道路符合中国实际、反映中国人民意愿、适应时代发展要求，其国际认可度不断提高。2014年，23%的国际受访者认为中国特色过于独特，不可复制；2022年，受访者认为中国发展道路是中国快速发展的主要原因，是对世界的最大贡献，为解决人类问题贡献了智慧。

党的二十大报告指出，"中国坚持在和平共处五项原则基础上同各国发展友好合作，推动构建新型国际关系，深化拓展平等、开放、合作的全球伙伴关系，致力于扩大同各国利益的汇合点"。在元首外交的引领下，新时代的中国胸怀天下、立己达人，同各方深化交往、携手并进，中国特色大国外交在新征程上展现了新气象。2014年，认知中国"亲诚惠容"外交理念的国际受访者中，76%的人认可该理念。多数国际受访者都看重本国与中国的建交，看重人群占比保持在60%左右。2022年，65%的受访者认为本国和中国的外交关系重要，较2021年提高了9个百分点。

（五）共建"一带一路"助力国家形象提升

越来越多的国际受访者对中国提出的理念和主张有所了解，了解的受访者占比从2013年的51%提升到2021年的62%（见图2），认知率提升超过10个百分点，各项理念和主张中认知最高的是"一带一路"倡议、中国梦和"四个全面"。

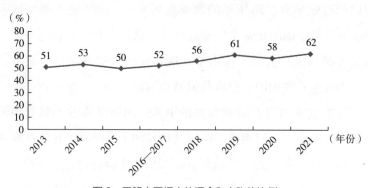

图2 了解中国提出的理念和主张的比例

自"一带一路"倡议提出以来，中国积极发展与共建"一带一路"国家的政治经济合作，各共建国家感受到了"一带一路"带来的互利共赢，也有越来越多的国际受访者认可"一带一路"倡议。2015年，15%的国际受访者听说过"一带一路"倡议；到2019年，这一比例达到了23%，在印度的认知度甚至达到了51%。整体上看，近年来国际受访者越来越意识到"一带一路"倡议对个人、对国家，特别是对地区和全球经济的积极作用。2021年的调查中，三成国际受访者（31%）认为"一带一路"倡议是有广阔前景的全球公共产品，中国和"一带一路"倡议推动后疫情时代全球经济恢复和发展（44%）。"五通"发展中，国际受访者最为期待"贸易畅通"（52%）和"设施联通"（50%）。

2021年，"一带一路"倡议取得了不平凡的成就，中国与共建"一带一路"国家的经贸合作不断深化，一大批合作项目陆续建成，共建"一带一路"国家的人民切实体会到了"一带一路"倡议带来的利益，对"一带一路"倡议的评价也有所提升。共建"一带一路"国家受访者对"一带一路"倡议的积极作用高度认可，相比2020年提升幅度达到近10个百分点。

（六）中国的国际吸引力不断增强

国际受访者对中国的了解程度加深，中国在旅游、教育、工作等方面的吸引力不断增强。近年来，国际受访者了解中国的比例越来越高，2021年达74%，相比2017年提高了6个百分点（见图3）。

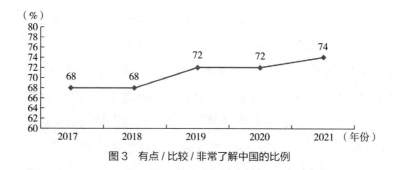

图 3　有点 / 比较 / 非常了解中国的比例

不同年龄段的受访者了解中国的比例均有所增加，越年轻的国际受访者越了解中国。在 2021 年的调查中，18~35 岁的国际受访者了解中国的比例达 79%，相比 2017 年提高了 4 个百分点；51~65 岁的国际受访者提升比例较高，2021 年相比 2017 年提高了 7 个百分点（见图 4）。

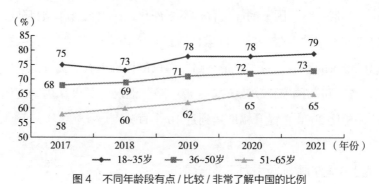

图 4　不同年龄段有点 / 比较 / 非常了解中国的比例

土耳其、俄罗斯、南非和澳大利亚的受访者了解中国的比例相比往年提高较多。在 2021 年的调查中，这四个国家的受访者了解中国的比例分别为 88%、79%、74% 和 71%，相比 2017 年分别提高 13%、14%、6% 和 9%。随着国际民众对中国了解程度的加深，中国在自然、教育、工作等方面对他们的吸引力增强。

对于 18~35 岁的国际青年来说，中国在各方面的吸引力均有所加强。计划来中国欣赏自然风光的国际受访者的比例从 2017 年的 39% 提高到 2021 年的 50%，且随着年龄的增长意愿不断增强。尽管年长的国际受访者更期待到中国欣赏自然风光，18~35 岁的国际青年在这方面的比例也从 2017 年的 37% 提高到 2021 年的 47%。在 2021 年的调查中，计划到中国体验当地生活、工作/出差、学习/深造的国际青年受访者比例分别为 49%、30%、29%，相比 2017 年分别提高了 11%、8%、11%。

分国别来看，巴西、墨西哥和印度尼西亚的受访者计划到中国游览人文景观的比例逐年增加。在 2021 年的调查中，三个国家受访者的比例分别为 78%、72% 和 62%，相比 2017 年分别提高 17%、5% 和 14%。

（七）外界认知中国的渠道更加多元

尽管国际民众对中国的了解程度有所提高，但目前来看，中国媒体在国际传播中仍处于劣势。2017 年，受访者多数通过本国传统媒体（61%）和新媒体（43%）了解中国，通过中国传统媒体（18%）和新媒体（12%）了解中国的占比较低。2021 年，受访者中通过本国传统媒体（47%）和新媒体（37%）了解中国的占比均有所下降，通过中国传统媒体和新媒体渠道了解中国的受访者比例则有所上升。2022 年，在各类中国渠道中，受访者主要通过使用中国产品（46%）、听了解中国的人说（31%）以及中国在本国推出的传统媒体（24%）和新媒体（24%）了解中国。对中国的了解程度会影响国际受访者对中国的态度，因此，需要加强我国媒体的国际传播能力，通过多种渠道让更多国际民众了解中国。

虽然国际民众通过中国媒体了解中国的比例仍然不高，但从历年的数据趋势来看，近年来中国媒体的国际认可度不断提升，越来越多的受访者选择通过中国的媒体渠道来了解中国。

2021年，在中国人民对外广播事业创建80周年之际，习近平总书记提出要"不断开拓创新，加强国际传播能力建设，打造具有强大引领力、传播力、影响力的国际一流新型主流媒体"。中国媒体更需要了解当前国际民众如何看待中国媒体。2021年的调查显示，部分国际受访者不太接触中国媒体，主要原因在于不了解（不知道应该看什么中国媒体，26%）、不信任（认为中国媒体的报道可信度不高，22%）和不明白（中国媒体话语表达方式不地道、看不明白，15%）。由此可见，中国媒体的国际传播任重道远。

二、中国国家形象之不变

（一）发达国家与发展中国家受访者对华认知仍存在落差

通过历年调查可以发现，相比发达国家，发展中国家受访者对中国的了解程度更高，对中国的评价更正面，对中国发展的认同度也更高。2014年，发展中国家受访者对中国整体形象的平均打分为6.8分，远高于发达国家（5.0分）；2017年，71%的发展中国家受访者认可中国的科技创新能力，而在发达国家仅有48%；2021年，发展中国家对中国在全球治理上的表现打分为6.8分（见图5），对中国在国内治理上的表现打分为6.7分（见图6），而发达国家的打分分别为4.8分和4.7分。发展中国家（51%）认为中国即将成为全球第一大经济体的比例也高于发达国家（43%）。在对中国的未来期待方面，发展中国家受访者（53%）期待"中国将引领新一轮全球化，为全球治理做出更多贡献"的比例也远高于发达国家（36%）。

图5　发达国家与发展中国家对中国全球治理评价

图6　发达国家与发展中国家对中国国内治理评价

（二）越年轻的群体对中国的评价越积极

历年调查数据显示，与36~65岁群体相比，国际青年（18~35岁）群体对中国的总体印象评价相对更高，对中国的未来发展趋势态度也更加积极，同时也更为期待中国在全球事务上的更多贡献。2015年以来，越年轻的国际受访者对中国国家形象的整体打分越高（18~35 岁受访者与 51~65 岁受访者的打分差值历年均在 0.5 分以上）；在 2021 年的调查中，国际青年认为"中国将引领新一轮全球化，为全球治理做出更多贡献"的达 47%，相比 51~65 岁受访者高 10 个百分点。

2013 年以来的数据显示，18~35 岁的中国青年对中国各方面的评价高于 36~65 岁的中国受访者。例如，2013—2021 年，中国青年对中国国内治理表现打分平均值为 8.4 分，高出 36~65 岁群体 0.3 分。同时，中国青年对中国的评价始终远高于其他国家。例如，2013—2021 年，中国青年对中国的整体形象打分均值为 8.6 分，而对其他调查国家的打分均值为 6.9 分。当然，在韩国等个别国家，青年群体对中国的评价明显低于中老年群体，这个现象也需要重视。

（三）中国经济影响力始终获得认可，科技、经济、文化是国际关注度较高的领域

在历年的调查中，国际受访者普遍认可中国经济的蓬勃发展，并且对中国经济的未来发展趋势充满信心与期待。2013 年，58% 的国际受访者认为中国是经济崛起的大国，中国的经济发展为全球经济发展带来机遇（64%）；从 2015 年至今，国际受访者始终认为中国的经济影响力位居世界第二，仅次于美国；2019 年，各年龄段的国际受访者中均有五成左右认为中国即将成为全球第一大经济体；2021 年，42% 的受访者认为中国经济仍保持高速增长，56% 的受访者认为中国在全球治理的经济领域做出贡献，61% 的受访者认为中国经济发展推动全球经济发展，

在发展中国家达 74%。

　　10 年来，中国的整体形象提升，国际影响力日渐强大，受到了更多的国际关注，科技、文化、经济和民生一直是国际受访者最希望通过中国媒体了解的方面。同时，国际受访者也对中国在全球治理的科技（62%）、经济（56%）和文化（52%）领域中的表现有较高评价（见图 7）。

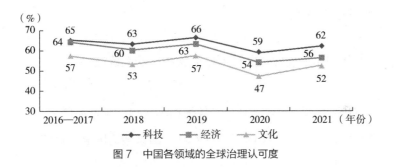

图 7　中国各领域的全球治理认可度

　　较受国际受访者认同的中国文化符号是中餐、中医药和武术。中国饮食文化享有非常高的知名度和美誉度。民以食为天，随着越来越多的中餐馆在世界各国开业，中餐也成了国际民众接触较多的中国文化。部分博主发布的一系列美食与美景交融交汇的视频引发了激烈讨论，极好地推广了中国的饮食文化。2013年，国际受访者认为最能代表中国文化的依次为武术（52%）、中餐（46%）、中医（45%）；到了 2021 年，中餐成为国际受访者认为最能代表中国的文化载体（49%），特别是 51~65 岁的受访者（58%）。中餐受到国际受访者的一致好评，在 2021 年的调查中，近八成的受访者（79%）接触或体验过中国的饮食文化，其中 78% 的人对中餐留下了非常好或比较好的印象。中医药虽然广受赞誉，但实际体验少（32%），需要持续推广。

三、强化公共关系观念，助力提升国家形象

公共关系学作为一门应用性很强的学科，近年来对国家形象的建构与传播有着较为深入的研究，其理论成果在推广良好的国家形象中发挥了积极作用。[①] 面对新时代新征程，着眼当代中国与世界关系的最新变化，我们需要不断强化公共关系的观念，灵活运用公共关系的手段，推动国家形象更好传播。

（一）强化品牌观念，提升国家形象塑造的系统性

对比 21 世纪第一个 10 年各国相继提出的国家品牌战略，进入 21 世纪第二个 10 年以来，世界主要国家塑造国家形象的实施，已经超过进入 21 世纪时所关注的跨文化交流，成为包括国家发展成就宣介、配合对外战略实施等在内的综合性举措。

近年来，日本努力从产业大国和商业大国形象转变为文化大国形象，塑造"体面、优雅、荣耀、有个性、自豪、杰出、有威望、自尊、自强的'受人尊重'的国家"。2019 年，日本在提出"酷日本"战略的基础上，将数字媒体技术、社交网站运营等纳入这一战略的提升中。在日本国家形象塑造的"酷日本"战略的引导下，更加富有高科技的色彩。较之以往的"创意英国"，近年来英国将"非凡英国"的国家品牌塑造，与英国旅游、教育等对外交往的传统优势进行结合。区别于以往的音乐、影视作为国

---

① 霍文琦、肖昊宸：《让国家名片更加靓丽》，《中国社会科学报》，2016年 5 月 11 日，第 1 版。

家品牌的主要内容，韩国逐步打造"动感韩国""IT 强国"①"文化韩国"的现代形象，持续强化"勤勉、诚实，具有成熟市民意识、团结"的韩国国民形象。除了宝莱坞等电影作为国家品牌的标志外，印度还投入大量资源，通过广告宣传等方式努力在国际上树立印度的独特形象——"放松身心的绝佳之地，文化和信仰发达之处"。

（二）强化受众观念，提升国家形象塑造的精准性

2022 年底，全球人口超过 80 亿，这是一个里程碑时刻。我们的重要使命是，赢得中国以外 66 亿人口对中国的了解和理解。我们需要加快从"传者本位"向"受众本位"的转变，进一步做好区域化表达、分众化表达。

针对中国形象在不同国家、领域、群体的传播效果现状，我们需要采取更加有针对性和侧重性的传播方式，进一步加大国际传播策略的区分度，提升精准度，注重扬长避短。实践证明，开展国际民意调查，是掌握国际民众对中国国家形象认知较为直接和有效的手段，为进行国际传播理论研究提供了数据支撑，是提高国家形象建设和国际传播效能的有效方式。面对新形势、新机遇与新变化，我国的国际传播工作应该进一步用好民意调查这个渠道，为国家形象塑造和传播提供更多有力的支持。前文的数据显示，青年群体对中国的评价整体更为客观积极，所以我们要重点做好 Z 世代的工作，用他们喜闻乐见的方式，特别是社交平

① IT 指信息技术。

台等新型传播渠道，展示当代中国和未来中国的精彩和发展潜力。当然，个别国家的青年群体对中国的印象比中老年群体更为负面，对此，我们也要心中有数，具体分析原因，用更有针对性的交流活动，逐步化解误解和偏见。从内容层面而言，国际受访者对文明交流互鉴理念的认可度一直保持在较高水平，因此，基于此项认知基础优势，我们要顺势做好全球文明倡议等议题的国际传播。

（三）强化传播观念，提升国家形象塑造的有效性

公共关系学倡导利用一切传播机会和传播媒介去影响公众、引导公众和争取公众，并善于运用双向沟通的方法去赢得公众的理解、信任与好感，这对我们开展国家形象传播提供了重要启示。"受访者对中国认知度越高，好感度越高"和"中国文化海外接触率虽然普遍偏低，但好评率高"等结论，显示出提升中国理念主张与实践举措的国际认知度的紧迫性和重要性。

在网络时代之前，国家形象传播主要依赖传统大众媒介，如纸质媒体、电视媒体等。随着信息传播技术的不断发展，特别是社交媒体平台成为信息传播的重要载体后，网络对塑造国家形象产生了重要影响。一些国家领导人利用社交媒体开展"推特外交""微博外交"等活动。各国机构、团体、民众也开始利用社交媒体、短视频等讲述自己的故事，从而成为国家形象巨大拼图中的多彩插片，大众借助网络渠道，通过更加直接的交流方式，及时地了解其他国家的政治、经济、文化情况。此外，借助主场活动全面提升国家形象，也成为主要国家展现国际形象塑造的有

效做法。例如，2012 年伦敦奥运会成为英国"振奋经济、凝聚民心以及重塑政府威信"的重要契机。借助伦敦奥运会，英国用创意、民心、媒介、旅游等策略来展示、提高本国形象，进而促进英国国内经济发展与引进外资。2022 年北京冬奥会的成功举办，也从多维度构建起阳光、富强、开放、包容、负责任、守信用的大国形象，生动展示了"一起向未来"的人类命运共同体理念。

（四）强化协同观念，提升国家形象塑造的战略性

国家形象本身具有多层次、多维度的特点。国家形象建构千头万绪，是一个涉及面极广的系统工程，需要加强统筹协调，构建战略传播体系，特别是对参与形象塑造的多元主体、不同资源，加强顶层设计和谋划，优化配置各方资源，实现事半功倍的效果。

以美国为例，第二次世界大战后，美国新闻署（USIA）负责统筹管理美国所有的对外宣传事务。1999 年，美国新闻署取消设置后，美国国家形象塑造的工作由国务院相关部门承担。2018 年 8 月，美国政府专门整合并成立了新的对外宣传机构——美国全球媒体署（USAGM）。当前，拜登政府采用跨机构模式开展对外宣介和舆论引导工作，包括美国司法部、国防部、国务院、国际开发署、国家反情报与安全中心等相关机构均参与其中。美国全球媒体署和全球参与中心（GEC）两个机构在其中发挥重要作用。美国全球媒体署是联邦政府机构，主要负责对外宣传，每年预算约为 8 亿美元，2023 财年预算为 8.4 亿美元，其

中 8.3 亿美元用于国际广播业务。除政府、媒体之外，近年来各国特别注重在国家形象塑造中发挥智库、企业、社团、民众的力量。例如，日本采取政府与民间企业共同出资的方式设立向世界推销"酷日本"的专业机构；美国为驻海外员工编纂《世界公民手册》，并将手册电子版链接放到美国国务院网站，供所有持有美国护照的人参阅，规范引导其在海外的行为；韩国《护照法》第八条规定，对于在国外旅行期间，违犯法律、损害韩国形象的人，政府可以在一定期限内拒绝为其颁发护照。

对中国而言，我们需要加快构建具有鲜明中国特色的战略传播体系，不断创新国际传播工作体制机制，打造多元协同的国际传播主体格局，壮大战略传播的队伍集群，建设内外联动的全媒体传播矩阵，制定协同推进的战略传播目标，展示真实、立体、全面的中国形象。

讲好中国式现代化故事，
增强中国对外传播的感召力 ①

　　习近平总书记在党的二十大报告中，深刻阐述了中国式现代化的中国特色和本质要求，这是对我国这样一个东方大国，在如何加快实现现代化认识上不断深入、战略上不断成熟、实践上不断丰富而形成的思想理论结晶。以中国式现代化全面推进中华民族伟大复兴，深刻诠释了中国发展道路和方向，展示了更加光明的发展前景，也为我们在对外交往中讲好中国故事，提升公共关系工作成效，提供了原创性理论和实践支撑。

　　习近平总书记在党的二十大报告中指出，中国式现代化"既有各国现代化的共同特征，更有基于自己国情的中国特色"。在对外交往中，我们要深刻把握中国式现代化的中国特色和本质，要努力把握好两者之间的内在统一，有针对性地讲好中国式现代化的故事。

---

① 　本文作者：杨秀萍，中国 – 东盟中心前秘书长，中国驻东盟原大使，中国公共关系协会副会长。

一、要聚焦中国式现代化的人民性

马克思主义政党以实现人的自由全面发展和解放全人类为己任。习近平总书记在党的二十大报告中强调，我国现代化"坚持以人民为中心的发展思想"。我们党坚定不移地将发展作为执政兴国的第一要务，坚持解放和发展生产力，最根本的目的就是不断提高人民生活水平。从全体人民共同富裕、物质文明和精神文明相协调，到人与自然和谐共生、发展全过程人民民主，中国式现代化处处体现人民至上、公平正义等理念，彰显党全心全意为人民服务的根本宗旨，展示党的一切努力和追求，归根结底是为了让人民过上好日子。针对部分西方舆论对党的性质和宗旨的误读误解，以及试图将党和人民隔离开来的污蔑攻击，我们要通过聚焦中国式现代化的人民性，结合中华民族实现了小康这一千年梦想，完成了消除绝对贫困的艰巨任务，讲好过去五年工作和新时代十年伟大变革的重大意义。我们要兼顾整体性和个体性，用更加鲜活生动的素材，展示新时代中国人民的生活水平和精神面貌显著提升。要把握宏观叙事和微观切入，通过展现中国人民的获得感和幸福感，让外界更加全面准确地理解"中国之治"的关键和密码。

二、要彰显中国式现代化的自主性

我国是世界上最大的发展中国家，中国式现代化将是人口规模巨大的现代化。14亿多中国人民整体迈进现代化社会，规模超过现有发达国家人口的总和。现实的基本国情决定了中国式现代化没有现成经验可借鉴，也不可能照搬任何其他国家的现代化模式。我们必须依据国情走自己的发展道路。正是基于这种自主性，中国式现代化创造了人类文明新形态，其核心要义在于根据本国国情自主选择发展道路。长期以来，一些西方国家向全球灌输"现代化等同于西方化""只有走西方资本主义道路才能实现现代化"的错误认知。中国式现代化的成功实践和系统理论打破了这种迷思。中国式现代化摒弃西方对外殖民扩张掠夺的老路，走的是交流互鉴、合作共赢的正道，是世界文明发展进程中的伟大创举。正如英国学者马丁·雅克所说，中国提供了一种"新的可能"，开辟了一条合作共赢、共建共享的文明发展新路。我们要深刻把握中国式现代化的自主性，坚定道路自信、理论自信、制度自信、文化自信。在对外交往中，我们要更加旗帜鲜明地高举人类命运共同体的旗帜，鼓励和支持各国探索符合本国国情的现代化之路，大力弘扬全人类共同价值，持续增强对外传播话语体系的思想穿透力和道义感召力。

三、要把握中国式现代化的时代性

当今世界已进入新的动荡变革期，从新冠肺炎疫情到乌克兰危机，从欧洲能源危机到全球经济衰退风险，深刻影响着地球村的每个国家甚至每个个体的前途命运。是团结还是分裂，是开放还是封闭，是合作还是对抗？人类社会处在何去何从的十字路口。中国式现代化的成功实践，以及中国共产党的二十大所展现的中国未来发展的光明前景，为变乱交织的世界注入了难能可贵的稳定性和确定性，为维护世界和平稳定、促进共同发展贡献了中国智慧、中国理念、中国方案。我们在对外交往中，要阐释中国式现代化，要将立足点放在其对解决人类社会共同挑战的指引意义上。通过多层次讲述中国坚持走和平发展道路，倡导和平、发展、公平、正义、民主、自由的全人类共同价值，倡导构建各种文明交流互鉴、各国发展道路交相辉映的人类共同家园，对冲"国强必霸""文明冲突"等陈词滥调。

在中国共产党的坚强领导下，中国仅用了几十年的时间，就走完发达国家几百年走过的工业化历程。中国坚持和发展中国特色社会主义，开创了中国式现代化新道路，创造了人类文明新形态，将深刻影响人类社会发展进程。新时代的中国公共关系工作，要立足于中国式现代化，全面推进中华民族伟大复兴新征程。我们要以更强的历史自觉和主动，持续提升对外传播能力建设，增强中国对外传播的感召力。我们要在深刻把握中国式现代化中国特色和本质要求的基础上，用情用力讲好中国故事，向世界展现可信、可爱、可敬的中国形象。

新时期公共关系如何赋能并助力国际传播发展[①]

当下，国际涉华舆论非常严峻，需要充分认识并发挥公共关系对赋能和助力国际传播、实现国家形象自塑战略目标的重要作用。

一、公共关系与国际传播

虽然自诞生之日起，公共关系与传播就有着密切关联，且传播是开展公关活动的重要手段，但公共关系不只是传播，传播更不能替代公共关系。公关从第三者的角度出发，在当事双方之间寻找共同点，追求最好的沟通效果，体现客观性；传播则在提供报道的同时，传递政府或者传播者的主观意图，体现权威性。

综观欧美国家，公共关系不仅与国家的外交战略、公司的海外拓展有着密切的联系，在许多国际话题上，也是与西方媒体你呼我应；公关借助媒体发声，媒体把这些机构的观点结论作为事实来传播，从而形成全面立体的舆论场。

在我国，官方机构和外宣媒体一直是对外传播的主体和旗

---

① 本文作者：夏吉宣，中国国际广播电台原副台长，中国公共关系协会副会长。

舰，发挥了重要的战略作用。但近两年来，官方机构和媒体的账号被西方贴上"官宣"标签后，其传播力、公信力和传播效果都受到不同程度的影响。最近，美国国务院成立所谓的"中国工作组"，其任务之一就是研判中国政府机构对美传播的组织、渠道和效果。在这种情况下，更有必要借助民间组织，如公关公司的力量来赋能和助力我国的对外传播。

二、公共关系赋能并助力国际传播

近年来，美国政府为了确保其世界独霸地位，推行了"美国优先"的策略，不顾其他国家的利益和现行国际秩序，尤其是对快速发展的中国，不惜采取包括经贸制裁、联盟围攻、军事挑衅和虚假报道在内的各种手段进行全面打压。

在国际传播方面，我国国际传播媒体不仅受到美国政府的公然限制，相关账号还被美国社交平台列为"另类"，给我国的国际传播事业造成极大伤害。俄乌冲突爆发以来，俄罗斯媒体在西方被全面静音，这给我们敲响了打破现有国际传播格局、必须创新国际传播的警钟。

在北京成功举办的 2008 年夏季奥运会和 2022 年冬季奥运会的实践证明，公关公司可以通过各自的渠道策划公共活动，在改善国际涉华舆论方面发挥独特的作用。

因此，为了打破国际舆论西强我弱的格局，必须创新体制机制，认真总结过去的经验教训，充分运用好公共关系这一手段，通过公关组织参与舆情研判和舆论引导，策划公关活动等，来助力国际传播，推动沟通，澄清误解，化解矛盾，改善传播效果，做到传播公关两手抓、两手硬。

三、公关活动成功的关键要素

能否有效地利用各种资源造就有利的舆论环境，是公关活动成功的关键。

（一）利用第三方资源

在当前复杂、多变和严峻的国际形势下，应着重考虑如何利用第三方资源来传递中国的声音，阐释中国的观点，提高国际传播力和影响力。

1. 借助外嘴说话是首选

随着以美国为首的西方国家反华舆论的升级，不少外籍专家学者不再愿意参加我国媒体组织的涉华议题访谈，或者只参与一些涉及技术层面，如中国和其他国家面临的共同挑战与应对措施的讨论。因此，在开展公关活动时，应精心设计话题，聚焦人类面临的共同挑战和具体的应对措施，而不是政治制度的优劣对比，以扩大外籍专家学者的参与度。

2. 借助他人平台提高到达率

鉴于我国对外传播面临的挑战，无论是国际传播还是公关传播，都应借助第三方平台才能有效提高到达率。

首先，聘请国际公关公司，在适当的时机，选择合适的事件/话题，开展公关活动，弥补我国央媒国际传播受到的限制和不足。

其次，鼓励我国驻外机构人员参与所在国媒体的访谈，尤其是涉华话题的讨论；动员海外华人以中立姿态，在当地社交平台上客观发声，稀释美国等西方国家的媒体对中国的抹黑攻击。

再次，鼓励城市利用各自的自然人文资源，积极开展对外城市间的民间交流活动，从不同层面塑造和丰富国家形象。

此外，随着ChatGPT（聊天机器人程序）等人工智能工具的运用，我们还面临着西方平台上涉华信息以负面为主的严峻挑战。鉴于正面涉华信息被西方平台当作"官宣材料"过滤掉的现实，建议尽快通过各种方式在第三方平台上发布数量众多、内容丰富、视角不同，话题相对中性的涉华信息来对冲西方语料库里的负面信息。

（二）抓住国际公关的重点

对外公关的重点要针对美国等西方国家妖魔化中国的基本论点和逻辑。

1.把中国描述为另类是美国等西方国家涉华的基本论点

美国以意识形态划界，联合"理念相近伙伴"，把世界分为"民主"和"独裁"两大类，还提出所谓的"重建更美好世界"的全球基础设施计划来对冲"一带一路"倡议。与此同时，北约也提出要应对"中国对北约的安全、利益和价值观的系统性挑战"等，这些都是企图在国际上孤立和分化中国。

我们应该按照习近平总书记提出的构建人类命运共同体的理念，抓住涉及各国民众普遍关注的民生、环保和安全等人类面临共同挑战的话题，讲好中国与各国相同相通的故事，还原中国的真实形象。

2. 强权政治和双重标准是美国等西方国家的政客和媒体的基本叙事逻辑

近年来，美、加、澳、英、德、法等国的军舰和军机，打着"维护航行自由和海上秩序"的旗号，轮番靠近甚至闯入我国领海领空。而我方在公海上的正常训练和维护领海领空安全的反制行动却被贴上军事扩张的标签。这些都充分体现了美国等西方国家的政客和媒体的强盗逻辑，把他们的利益作为是非的判断标准。这一做法引起越来越多国家和民众的警惕与反感。

笔者认为，当人们还受到意识形态偏见的影响时，很难就一些抽象概念达成一致，但在叙事逻辑上，抓住美国等西方国家自相矛盾的论点和言行不一致的案例，来反驳西方双重标准的做法将更有说服力。

3. 借助西方话语中的可用词汇，拉近与国际受众的心理距离

实践证明，提高国际传播能力是打破西方主导的国际传播格局的重要手段，而创新国际传播话语体系，采用西方受众熟悉和听得懂的话语及表达方式，才是拉近与国际受众之间的心理距离、改善国际传播效果的关键。

创新国际传播话语体系可从三个方面发力。

一是直接使用西方的一些通用概念，如幸福、发展、国家安

全等，来表达中国和平发展的愿望。

二是借助西方的一些概念，但赋予新的内容，如民主、自由、人权等，结合历史发展和各国国情，赋予新的定义来阐释中国的发展道路。

三是根据当今世界面临的共同挑战，结合党的二十大提出的中国式现代化、互利共赢、共建共享、构建人类命运共同体等新理念，通过具体案例，阐释中国智慧和中国方案的有效性，促进达成共识。

4. 公关助力加强国际传播

在当今语境下，国际公关的重点是让各国民众看到一个真实的、充满活力的和负责任的中国，最有效的做法就是按照塑造中国可亲（接近）、可信（接受）、可爱（喜欢）、可敬（信任）形象的层次，逐步推进。

在话语体系、表达形式和目标任务上，充分考虑公关活动的特性和特征，在提出总体要求的前提下，在具体表达和叙事角度上，让公关组织和传播媒体发挥各自的优势，相互配合，形成合力，为塑造真实、立体、全面的中国形象共同努力。

中国式现代化建设中，如何推进人文交流[①]

党的二十大报告中，习近平总书记阐释了"中国式现代化"的概念，指出中国式现代化是人口规模巨大的现代化，是全体人民共同富裕的现代化，是物质文明和精神文明相协调的现代化，是人与自然和谐共生的现代化，是走和平发展道路的现代化。由此，中国在实践和理论层面打破"现代化就是西方化"的迷思，开启了以中国式现代化全面推进中华民族伟大复兴的发展新征程。

在此征程中，人文交流作为中国对外交往的三大支柱之一，是中国实现和平发展、推动构建人类命运共同体的重要基石。相较于西方在现代化过程中形成的"国强必霸""零和博弈""二元对立"等对抗性思维，中国式现代化主张以文明交流超越文明隔阂，以文明互鉴超越文明冲突，以文明共存超越文明优越，探索创立具有包容性的人类文明新形态。2019 年 5 月 15 日，习近平主席在亚洲文明对话大会开幕式上的主旨演讲中指出："人是文明交流互鉴最好的载体。深化人文交流互鉴是消除隔阂和误解、促进民心相知相通的重要途径。"人文交流可以使不同文明文化

---

① 本文作者：王辉耀，全球化智库（CCG）理事长，中国公共关系协会副会长。

中的人增进相互理解与友谊，从而架起不同文明之间互信合作的桥梁与纽带。特别是随着世界进入新的动荡变革期，人文交流作为国际关系的重要基石和润滑剂，在国际局势紧张的情况下正在成为世界和平稳定的新的压舱石。

从中长期来看，我国加强社会主义现代化建设的目标是到2035年基本实现社会主义现代化，到21世纪中期建成富强民主文明和谐美丽的社会主义现代化强国。相较于既往的霸权强国，崛起的中国将是强大而可信、可爱、可敬的，这要求我们在中国式现代化建设中对内加强理论建设、培育大国心态、提升国际素养，对外做好人文交流，重塑中国形象，在硬实力增长的同时不断提升文化软实力，使中国在国际社会更具吸引力、向心力和感召力。中国式现代化的提出再度彰显了我们的道路自信、理论自信、制度自信和文化自信，中华民族伟大复兴也必然伴随着海内外中华儿女在国际社会上更加自尊自信、团结一致。

中国和平崛起的过程也是中国深化对外开放、深度融入全球化的过程。在全球性挑战加剧及新一轮全球化浪潮之下，未来中国官方及民间社会将更加深入地参与完善全球治理、助力企业国际化发展、增进东西方文明交流互鉴等，新时期开展公共外交、发展国际公共关系也将迎来更大的发展空间。对此，从智库的视角来看，新时期我们要在提升国际传播能力中鼓励支持国内外更多人士参与对外人文交流，不断壮大国际舞台的中国声音。

第一，要创新国际叙事方式，提升国际传播效能，在对外传播中注重共性、共情、包容、客观、谦和。以全球化视野思考中国问题，更多强调共性、普遍性及共同价值，在全球共有价值观的基础上讲述中国故事，用别人听得懂的大逻辑来讲中国自身发展的逻辑；做好细节上的工作，注重共情，在叙述中融入对方或他者的故事加强感染力；兼容并包，从政治、外交、商业、人文、个体经验多层次多角度讲述个案，尤其通过讲述中国文化底蕴分析中国现实发展逻辑；在对外讲述中少理念倡导，多客观理性表达，用事实与数据说话；谦和而自信，包容而有立场，相互尊重，对话姿态不以驳倒对方为目的，传递自身理念，做有效沟通。

第二，可以发挥民主党派及政协等讲好中国民主故事的作用。可以鼓励民主党派走出去开展国际交流，参加世界政党大会等，公开积极发声，参与中国叙事，讲好中国协商民主故事，充分体现中国协商民主制度的形式与优势，减少国际社会对中国民主的误解误读。可开展议会外交，鼓励人大代表及政协委员走出去开展国际交流，也邀请国际人士走访中国人大及政协等。美国国会议员中对华持负面态度的占据多数，日前访问美国时我国驻美大使馆也向我们表示欢迎人大代表及政协委员多去美国开展交流。

第三，大力开展民间外交，鼓励学界、商界、智库、行业协会、非政府组织等与国际驻华使团、国际组织、国际商会、跨国企业等增进沟通交流及互惠合作。可以充分发挥海内外新生代国际传播的作用，提升海内外新生代对华态度及对华认知，调动其在国内外社交媒体平台正向传播中国声音、展示中国形象、开展国际友好交流的积极性。

第四，鼓励智库等主动走出去参加国际会议并创建国际交流平台，提升国际话语权及议程设置能力。一方面，我国官方及民间人士可以积极走出去参加慕尼黑安全会议、巴黎和平论坛、达沃斯论坛等具有较大知名度的各领域国际论坛，在国际舞台上发出中国声音。另一方面，可以创造性搭建新型国际交流平台，发起新型多边国际组织，提升国际话语权及议程设置能力。

第五，充分利用国际媒体及国际出版机构发出中国声音，加强中国声音的国际表达。鼓励专家学者、机构团体负责人等，通过接受国际主流媒体访问、在国际主流媒体发表文章、在国际社交媒体积极发声等提升国际舆论场上的中国声音，推动国际涉华舆论更加公正客观。可以增加向国外派驻媒体的数量，并相应邀请更多西方主流媒体对中国事务进行全面、多方位、多层次的报道，更全面地向世界展示中国形象。可以重视与国际知名出版社合作，发挥自身优势出版外文图书，向国际社会广泛传播。可以组织"正面的大翻译运动"，对冲海外反华势力影响，主动推介理性的中国声音。

第六，培养挖掘具有国际化视野及国际交往能力的爱华友华人士，积极推动海外留学生、留学归国人士、华人华侨、国际友华人士等对开展国际传播做出积极贡献。后疫情时代可以充分利用好华语文化圈，借中国香港和新加坡等做好对外传播工作，国际组织、国际活动、统战联谊可在第三地中转，发挥其超级联络人作用。可以注意发掘培养我国具有舆论影响力和国际知名度的意见领袖，发挥其讲好中国故事、传播中国声音的积极作用。

第七，"以侨为桥"，构建"一带一路"倡议沟通交流机制。共建"一带一路"国家聚居着约 4 000 万华侨华人，是推动民心相通的重要力量。可以通过"以侨为桥"沟通机制，准确传达"一带一路"建设的内涵，推动中国与共建国家的交流、沟通与互信。在建立起互信基础后，金融、技术、贸易、投资等方面的合作也会水到渠成，让华侨华人成为"一带一路"建设的直接参与者和受益者，成为民心沟通的铺路者和夯实者。

党的二十大报告提出，"增强中华文明传播力影响力"，从文明高度对开展人文交流、加强国际传播提出要求，因此新时期在中国式现代化建设中不仅要在器物层面推动中国产品和技术等走向世界，在制度层面增强国际社会对中国道路的理解，更要在理念层面加强中华文明传播力和影响力。这是一个系统性、长期性、战略性的工程，既需要国家战略引导、政策支持，也需要媒体、智库、高校、企业等各界人士及普通民众协同发力，是新时期中国式现代化建设中开展公共外交的重要任务。

中国式现代化发展中的国际公共关系建设 [①]

中国在 2010 年成为世界第二大经济体，2022 年人均 GDP 超过 12 000 美元，中国的脱贫攻坚取得了举世瞩目的成绩，拥有了全产业链的工业化格局，成为世界上 140 多个国家的主要贸易伙伴，2022 年对外贸易总额超过 6.3 万亿美元，继续保持世界第一。如此辉煌的中国式现代化发展成绩，常常不为外人所知，"酒香也怕巷子深"，为此需要大力加强国际公共关系的建设。

习近平总书记在党的二十大报告中指出，"中国式现代化是走和平发展道路的现代化"，开创了通过合作共赢实现共同发展、和平发展的现代化发展模式，"在坚定维护世界和平与发展中谋求自身发展，又以自身发展更好地维护世界和平与发展"。[②] 今天我们仍然走在和平与发展的道路上，中国与世界仍然需要在互相了解和理解的基础上交流互鉴、互相学习、共同发展。而在完成这一伟大使命的过程中，国际公共关系起着举足轻重的作用。

---

① 本文作者：潘庆中，清华大学苏世民书院常务副院长、教授，中国公共关系协会副会长。

② 习近平：《高举中国特色社会主义伟大旗帜 为全面建设社会主义现代化国家而团结奋斗——在中国共产党第二十次全国代表大会上的报告》，中国政府网，2022 年 10 月 25 日。

如何在当今世界百年未有之大变局中，通过有效的国际公共关系建设更好地发挥中国在国际事务中的重要作用？尤其是在很多国家的政治、经济和社会发展的变数增加的情况下，怎样发挥国际公共关系的作用，更好地在不确定性中找到规律，在不稳定性中找到定位？问题很多，挑战前所未有，如何迎接挑战？归纳起来：三个走出去，三个请进来，一个自我建设。三个走出去是，各级政府部门走出去，企业走出去，民间走出去；三个请进来是，邀请国外政界人士访问，面向外资企业招商，加大民间来访；一个建设是，培养和培训大批国际公关人才。

一、三个走出去

第一，政府部门走出去。国家主席习近平于 2022 年 11 月 14 日至 17 日在印度尼西亚巴厘岛出席了 G20（二十国集团）领导人第十七次峰会，于 11 月 17 日至 19 日在泰国曼谷出席 APEC（亚太经合组织）第二十九次领导人非正式会议。习近平主席的出访，标志着后疫情时代中国政府部门走出去的启航。受实际疫情影响，各级政府走出去的脚步有所减缓，现在迫切需要加快步伐，进一步加深国与国层面的了解，加深省市、地方政府与国外相应姊妹伙伴之间的了解。过去 3 年，中国和世界都发生着变化，迫切需要见面互动、了解、沟通。政府部门的出访，讲好中国发展，讲好中国故事，带动政府之间的合作，促进中国企业在当地的发展，招商引资，推动民间合作，等等，其作用、力度、广度和深度是无法替代的。

第二，企业走出去。在共建"一带一路"国家经营的企业，收入超过一亿元的就有一万家以上，但是随着中国综合国力的不断提升，这个规模还是远远不够的，需要有相应的政策和服务，鼓励更多企业走出去。要充分利用国际公共关系的专业能力和影响，助力企业提高美誉度，助力企业建立朋友圈，助力企业化解公共关系危机。同时公共关系机构可以和出海企业一道创新地运用公共关系理论与实践，共同讲好中国企业走出去的故事。以阿联酋为例，中国是阿联酋最大的贸易伙伴，阿联酋有超过22万名中国公民，有超过6 000家中国企业在阿联酋经营业务，这得益于"一带一路"倡议以及两国间全面战略伙伴关系的建立，同时也得益于当地的营商环境和公共关系发挥的作用。俗话说"腿勤三分财"，中国企业走出去拓展国际市场、参与全球竞争，既促进经济全球化发展，又给国内企业带来订单，国内外贸企业的就业人数达1.9亿，带动国内生产和就业，可谓国内国际双发展。

第三，民间走出去。通过组织出访、举办国际会议、科教人员访问、学生交流、文化艺术活动等方式，加强与国外的联系，促进国际公共关系建设。据统计，2019年中国共有1 700多家民间组织出访海外，参加国际会议达到6 600多场。此外，通过留学、旅游等方式加强与国外的联系。2019年度我国出国留学人员总数为70.35万，促进了各国青年学子的交流。三个走出去，就是全面走向世界。

二、三个请进来

三个请进来，即邀请国外政界人士访华，面向外资企业招商，加大民间来访。

第一，邀请国外政界人士访华。国外的政界人士有两个特点：一是有公共关系影响力；二是不了解中国，绝大多数没有来过中国。俗话说，百闻不如一见，邀请政界人士访问可以了解发展的中国，改变他们对中国的固有看法。笔者接待过某国议会代表团，团员一共20位，其中1位来过中国3次，其余19位都没有来过，一周的访问之后，他们开会总结，无一不大发感慨——没想到中国是这种面貌，完全颠覆了他们的认知，他们当场检讨自己之前关于中国的议案。因此，加大力度邀请国外政界人士访华，可以加快外界对中国的了解，用事实讲好中国发展。

第二，加大面向外资企业招商的力度。改革开放40多年，很多行业最初都是通过招商引资点火启动的，后疫情时代，经济建设仍是第一要务，招商引资，仍然是促进中国经济发展的引擎之一。今天的中国已经融入全球价值链，是产业链发展的"C位"，中国早已成了外资企业的重要市场，拥有14亿人的日渐成熟的巨大市场吸引着外资，外资来中国是有原动力、内驱力的。由于疫情影响，如今外资有各种顾虑，如何打消它们的顾虑，使它们稳得住，把它们请得来，这时国际公共关系的作用就凸显出来了。中国公共关系协会做在了前面，每年对在华外商企业举办多次经济形势和政策的宣讲，让在华外商和即将进入中国的外资企业，全方位了解中国的营商环境，坚定在华投资和经营的信心。外商在中国的投资经营，不仅带来双方的经济收益，还可以通过产品和服务中的中国元素，提升中国的国际影响力，用中外企业合作的事实，无声地直接讲述中国的硬核故事。因此，针对外商和外资的国际公共关系建设至关重要。

第三，加大民间来访。更好地展示中国的传统文化和现代发展成就，增强国际社会对中国的了解和认同。平常我们说二轨外交，实际上是多轨、多渠道、立体的交往。目前，国外想来中国的各界人士大有人在，从现在起，迫切需要做好的是迎接八方来客的准备工作，疫情3年遭受重创的行业之一是旅游业，各行各业和外界来访交流很多也按下了暂停键，旅游业如何恢复并继续发展？要从宏观到微观做好未雨绸缪的规划，而国际公共关系在重启过程中，可以利用全国各地的网络做好宣传，并起到桥梁的作用。

三、一个建设

综上可以看出，国际公共关系在后疫情时代至关重要，那么如何更好地、长期地发挥国际公共关系的作用？核心就是队伍建设，做好四个层面的内容。

一是发挥好中国公共关系协会的作用，逐步完善公共关系工作体系的建设。

二是发挥好研究和从事公共关系专业人士的作用。高校、研究机构、智库、企业、事业单位等都有一大批从事理论研究和日常实践的公共关系专业人才，这个队伍需要进一步提升和扩大。

三是借助海外的华人华侨等组织和第三方团体，协助做好国际公共关系工作。海外有6 000多万华人华侨，他们绝大多数热爱中国，是国际公共关系工作中最不能忽视的力量。

四是着眼未来发展团结和培养一大批国际公关人才。国际公关人才要具有扎实的文化知识、专业技能、社会经验和交际沟通能力，既能够为中国的国际合作提供具有价值的建议和支持，又能够在解决具体问题中发挥作用。通过国际公共关系专业人士的努力，中国可以与国外的政界、商界和民间人士进行更有效的交流与合作。由此可见，建设强大的国际公共关系网络和人才队伍至关重要、刻不容缓。

短视频如何建构海外文化传播朋友圈 [①]

随着智能互联数字时代的到来，全球化进入更为复杂的深度磨合期。在新的国际传播格局下，中国文化如何以海外民众喜闻乐见的文化形式和叙事方式实现有效传播，这一问题亟待解决。近几年，短视频崛起，为业界提供了新思路。网络达人制作的短视频走红海外，塑造了可信、可爱、可敬的中国人形象，甚至带动了"中国元素"的时尚潮流，引发海外民众对中国文化的浓厚兴趣。

一、将视听内容融入日常生活，构建喜爱中国文化的网络虚拟社群

从开水白菜到满汉全席，"日食记"系列短视频在记录制作中国传统美食的过程中融入中国文化对食物的理解，引发海内外网友的关注。经常有外国网友留言："请来我家做菜吧！"在国外视频网站 YouTube（优兔）上拥有 800 多万粉丝的"滇西小哥"，以酸角糕、云腿酥、竹筒饭等自耕自种、自养自产的云南美食，搭配滇西乡村风景，为海内外用户送去别有风情的"云南

---

① 本文作者：赵晖，中国传媒大学教授、博士生导师。

味道",激起了众人对云南生活的浓厚兴趣。其中,以滇西方言演绎地方风土人情与美食文化的视频作品《火腿,云南菜的灵魂》,播放量超过3 400万次。这些植根于中国文化、呈现中国老百姓日常的短视频,以新颖的视角、独特的个人风格获得了众多海外受众,尤其是年轻人的喜爱。

作为一种独特的网络视听文化现象和具有创新性的视听内容运营平台,短视频对视听内容的传播主要是基于网络虚拟社群的搭建。个人用户和机构用户生产的各种接地气的短视频产品,可以建构一个包罗万象的虚拟生活空间,实现视频生产者、上传者、接收者、传播者四位一体的角色身份绑定,使视听内容与人们的现实生活深深地嵌套在一起。这些来自自媒体用户的视听内容通过平台的传播与发酵,再依托大数据智能算法的精准推送,构建了一种基于共同价值认同基础上的网络虚拟社群,推动了知识文化的价值变现,引发了一场意义空前的社会媒介化与产业视频化的深刻变革。

具体到传播中华文化方面,短视频在海外受众中建构起一个中华文化"朋友圈"。一方面,海外用户可以通过将中国文化类短视频分享给朋友,实现"熟人传播"。另一方面,中国文化类短视频还可以将喜欢相同内容的用户连接在一起,打通公域流量和私域流量链路。如此一来,优质的视频内容可以在更长的时间跨度里反复曝光,维持长尾热度,形成"裂变式传播"。这些传播特性为提升中华文化的国际影响力、增强中国的文化软实力发挥了独特的作用。

二、各方传播力量的多元表达，塑造生动立体的中国文化形象

"日食记""滇西小哥"等深耕美食文化的网络达人的作品在国际上获得良好反响后，人们看到了海外社交媒体平台和短视频形式在传播中国文化时所具有的独特优势。于是，越来越多的制作机构和自媒体创作人才加入中国文化类短视频作品的创作中，使以中国文化为主要内容的短视频创作开始超越美食的狭窄范畴，呈现出更加丰富和深广的面貌。比如，中国舞者杨柳将芭蕾和黔北民间绝技独竹漂结合起来的视频，在优兔上获得了几十万的播放量。她的走红吸引了众多海外媒体报道，很多外国观众被这种让足尖艺术在竹子上绽放的东方美韵所震撼。青年国风乐团"自得琴社"发布的视频里，宣纸一般的背景下，穿着古代服饰的乐师或抚古琴，或吹笛箫，或击大鼓，在互联网上掀起了"古画音乐"的风潮。其中灵感来自中国古典民乐的《空山鸟语》，截至 2022 年 4 月，播放量超过 260 万次，甚至引发国外网友对中国民乐、中国服饰的跟风。这些优质视频内容在海外社交平台走红，让海外用户感受到了一种来自中国文化内部的深厚底蕴。

不只是网络达人和市场化机构，中国主流媒体也意识到短视频在传播中国文化时发挥的巨大作用，纷纷入场。《中国日报》在脸书最受喜爱的视频创作者榜单中位列第十；《中国日报》着力打造"网红"外籍记者，通过戏剧化的方式介绍独特的中国文化；中国国际广播电视台、新华社、《人民日报》等主流媒体在推特上收获大批粉丝，着力塑造可信、可爱、可敬的中国形象。以文载道、以文传声、以文化人，向世界阐释推介具有中国特

色、体现中国精神、蕴藏中国智慧的优秀文化。

在各方的努力之下，中国文化类短视频迎来了创作播出热潮。以非物质文化遗产题材为例，中国有国家级非物质文化遗产1 557项，截至2021年12月，在抖音上的覆盖率高达98.8%，有1 539项被短视频化，内容涵盖了水墨画、传统戏剧、传统汉服、传统手工艺等门类，包括非遗传承人的生活、非遗项目的传承等多重视角。这些文化元素赋能视听内容开发，经过在中华海外文化网络虚拟"朋友圈"的传播，使中华文化在海外有效落地，走进了观众尤其是青年群体的心田。

三、适应媒介特性，寻找共通情感

短视频在海外传播中国文化的过程中也遇到一些难题。比如，短视频时长短、篇幅小、叙事空间小，在短时间内很难触达中国文化中复杂精深的内容；受到各种主客观原因的影响，文化折扣仍会带来一定的传播阻力。在这种情况下，寻找情感共通点往往比诉诸理性的效果更好。短视频创作者应扬长避短，发挥短视频在情感传递方面的优势，从人类所共通的情感层面策划内容，在趣味性、故事化的内容中以小见大，构建立体生动的中国形象，引发海外受众共鸣。这在一定程度上能削减文化折扣，实现文化增值。

总而言之，中国文化类短视频在走向世界的过程中，应当建立多元逻辑、多元共生、多元共识的国际传播理念，设计出多层次、多角度、多方位的跨文化传播立体管道，遵从传播规律、增强跨文化传播的有效性，更要认清当下传播生态发生的巨大变化，致力于构建全媒体传播矩阵。

党的十八大以来，中国文化的国际传播取得了丰硕成果。随着我国走上世界舞台中央，中国在全球事务中发挥着越来越大的作用，需要营造良好的国际舆论环境。用短视频进行中国文化的国际传播，也是国际形势新格局建设的题中应有之义。相信在相关政府部门的扶持引导之下，在业界工作者的努力之下，将会涌现更多表现中国文化感召力、中国形象亲和力的优质短视频产品。中国文化类短视频的国际传播之路将越走越宽广，越走越稳健。

共识与共创：
2022 年冬奥会公共关系活动探析 [①]

    2022 年北京冬奥会的成功举办，是我国在国际公共关系传播中的一次重大进步。在 2022 年冬奥会中，出现了很多正面的公共关系活动，促进了国内受众和海外受众对我国国家形象的认同与认可。其中最令人瞩目的公共关系活动当数"冰墩墩"的火热。北京冬奥会吉祥物冰墩墩在国内的新闻媒体上成了追捧的对象，而且屡登海内外社交平台热搜，成为国外媒体和运动员热烈追捧的对象，成为中国 2022 年公共关系传播的热议话题之一。冰墩墩的传播是如何提升我国内部与外部的公共关系，从而构建出赢得世人认同的公共形象的？这是冰墩墩给公共关系领域带来的思考，也是本文将要探索的核心问题。

---

① 本文作者：薛可，上海交通大学媒体与传播学院、文创学院教授，上海交通大学中国城市治理研究院研究员；陈炳霖，上海交通大学安泰经济与管理学院博士研究生；古家谕，上海交通大学媒体与传播学院博士研究生。本文根据《共情·创新·融合：文化符号与国家话语体系构建——基于"冰墩墩"的社交媒体平台内容分析》修改完成，该论文发表于《新闻与写作》，2022 年第 5 期。

一、研究方法及研究发现

研究样本来源于国内新浪微博，海外社交平台推特、照片墙、TikTok（短视频社交平台）。样本获取时间为北京冬奥会举办期间的 2022 年 2 月 4 日至 2 月 21 日，进行全样本数据抓取。

（一）冰墩墩叙述内容的主体

三个海外社交平台，内容发布者的身份以普通公众为主，占 62.7%，博主占 17.3%，运动员占 10.7%，中国媒体及发言人占 4.7%。其中，推特及照片墙主要是普通公众发帖，各有 26.7%；TikTok 则以博主（13.3%）、普通公众（9.3%）、运动员（8.7%）作为主体（见表 1）；在国内微博的热门帖子中，以转发量、评论量、点赞量作为基础指标，排名前 10 的传播者以明星、主流媒体为主。中国媒体及新闻发言人也形成了海外互动式传播群落——CGTN（中国国际电视台）、《中国日报》、新华社均在各自的海外社交平台为冰墩墩站台。CGTN 通过各语系在脸书、推特、照片墙等平台上以冰墩墩作为中华文化 IP 进行外部公共关系传播。

表 1 照片墙、TikTok 和推特内容发布者对比分析

	推特	照片墙	TikTok	合计
普通公众	26.7%	26.7%	9.3%	62.7%
博主	0	4%	13.3%	17.3%
运动员	1.3%	0.7%	8.7%	10.7%
中国媒体及发言人	3.3%	0.7%	0.7%	4.7%

	推特	照片墙	TikTok	合计
艺人	1.3%	0.7%	0	2%
外国媒体	0	0	1.3%	1.3%
其他	0.7%	0.7%	0	1.4%

（二）冰墩墩叙述的内容特色

通过分析国内微博的词频与网络关系发现，主要词云以"冰墩墩""北京""冬奥（会）"为主要网络关系的传播节点进行扩展式内部公共关系传播。其中，"再见""可爱"等是国内网络关系图中词云汇集的焦点；美食、元宵（节）、陶瓷等中国特色词汇频频呈现，说明冰墩墩作为北京冬奥会的重要文化符号在国内传播时，除了有效地宣传主办城市北京之外，也扩大了中华民族传统文化的传播，如元宵、冰糖葫芦等传统食物，面塑等非遗特色也与冰墩墩形成强互动，组成以冰墩墩为核心进行热议的中华传统文化符号群。

分析海外社交平台内容关注频率发现，象征冰墩墩文化符号的"熊猫"（panda）一词在社交平台上成为关键连接词，出现比例超过一半（51.3%），显示了冰墩墩易于被接受来源于熊猫已成为全球公众情感认知符号；可爱（cute、love）成为与冰墩墩关联最多的形容词，占比为11.3%。以 TikTok 以例，与赛事相关的比例约45%，超过一半内容则是以非比赛内容为主（55%），其中11%与冰墩墩有关。

（三）冰墩墩内容的二次创作

《环球时报》报道指出，冰墩墩在北京冬奥会开幕后出现"一墩难求"的现象，引发许多民众发挥想象力自制冰墩墩的"二次创作"。[①] 研究发现，冰墩墩的二次创作在发布内容中占32%，成为冬奥会海外社交平台传播内容的新焦点。在 TikTok上，一位葡萄牙的网友把发型修剪成冰墩墩的造型，吸引了2 847 次点赞及 69 条评论；TikTok 分享转发最多的是运用冰墩墩进行二次创作的橘子冰墩墩的内容，共有 206 次分享转发，568 次下载；二次创作内容在照片墙和 TikTok 上比例高，分别有 15.3% 和 11.3% 的内容与二次创作相关，可谓包罗万象，包括便当、蛋糕、饭团、咖啡、美甲、国画等。风格各异的冰墩墩创意作品创造出更适合不同国家文化格调的内容形象，如照片墙上日本用户创作的冰墩墩立体 3D 拿铁拉花及冰墩墩便当，就获得众多好评，形成了更为强化的外部公共关系传播效应。

二、结论与讨论

研究表明，冰墩墩自身所蕴含的中国传统文化符号吸引了国人极高的认同，并形成了良好的内部公共关系传播效果。冰墩墩富含极具国际共识的文化符号，体现了人类共情性的文化特点，并减少了政治和文化区隔性所导致的陌生感，引发海外公众热捧

[①] "Souvenir shortage forces fans to make their own Bing DwenDwen," *Global Times*, February 8, 2022, https://www.globaltimes.cn/page/202202/1251690.shtml.

与二次创作，形成更易被接受的重塑文化符号，从而实现了海内外情感态度的共鸣，促进并延伸了冰墩墩的外部公共关系传播效果。因此，我们提出基于文化符号的我国公共关系传播的策略。

（一）构建共情性文化符号：探索文化认同提升公共关系传播的共识度

萨丕尔－沃尔夫假说认为，每个文化在各自的公共关系传播中对文化符号定义和分类具有各自的独特性，而跨文化误读属于转换过程中按图索骥式的创造性误读。[①] 相同的理解和文化规范有助于更好地构建我国的内部和外部公共关系。国家的公共关系并不单纯地取决于主体国家单方面的努力和想法，而是需要他国的认可和共识的达成。[②] 温特的建构理论指出，国家之间通过交往互动形成一种共有的认知，才更有利于国家公共关系的传播。[③] 共情性的文化符号代表了人类普适的价值观，是最容易被世人接受的符号。通过共情的文化符号减少国家之间的文化误读，强化国际社会的共同价值，进而展现中国文明开放的国家公共关系传播。

---

① 陈伟、卢德平：《共同体意识与现代性转化：中华文化符号传播的时空价值与规约》，《现代传播（中国传媒大学学报）》，2021 年第 11 期，第 12~20 页。
② 张进军：《中国国家形象构建中的话语体系研究》，华侨大学，2017 年。
③ ［美］亚历山大·温特著，秦亚青译：《国际政治的社会理论》，上海人民出版社，2008 年，第 17 页。

（二）扩充创新型文化符号：延展文化认同形成公共关系传播的广泛度

文化差异性在一定程度上阻碍了外部公共关系传播和海外受众的理解与接受。对于外来文化圈的文化符号，首先需要经过本土文化的解读、改造和吸收过程。通过对冰墩墩海外公众二次创作与传播的分析，可以看出冰墩墩外部公共关系传播经历了输出、吸纳、重塑、扩散的传播过程。海外公众加入了自身对于冰墩墩的理解，并重塑了更符合他们自身文化背景的"新冰墩墩"；更加符合海外受众自身认知的二次创作形象，引发了海外受众的N次传播，最终形成了冰墩墩在海外传播的涟漪式扩散。

（三）探索融合性文化符号：重构文化认同创新公共关系传播的契合度

乔舒亚·库珀·雷默认为，"当前很多人试图树立中国的'古老'形象，但世界知道中国有多古老，无须再去强调，真正需要的只是以简单的方式让外界了解今天的中国正在发生什么。中国欣欣向荣、引人入胜的当代文化越来越吸引全世界的眼球，中国人应该有足够的信心去吸引国际社会的注意力，充分利用当代中国的文化先锋"。[①] 中国拥有深厚的传统文化底蕴的形象已经是海外公众的共识，但是拥有大量传统文化符号并不等同于拥有展

---

① ［美］乔舒亚·库珀·雷默等著，沈晓雷等译：《中国形象：外国学者眼里的中国》，社会科学文献出版社，2008年，第11页。

现国家软实力的公共关系传播。传统文化符号只有经过现代性的融合转化，才能实现其自身的经济效益和社会效益。因此，在传统文化的基础上融合中国开放发展的价值观，融合时尚与科技、和平与互助等新的思维、新的文化、新的创造，以发展的视角引领我国公共关系传播。

国际传播中应该发挥好驻外企业的特殊作用 ①

在未来的舆论战中，我国主流媒体在境外平台上的账号也极有可能在第一时间遭到限制、封杀。我们要高度重视在国际传播中发挥好驻外企业的特殊作用，发挥人数多、驻扎长、限制少、利益相关四大优势，未雨绸缪，提前布局，加强培训，打好基础，用足、用好驻外企业这支国际传播的力量。

企业作为国家形象的"活名片"，是国家经济、文化和公共外交"走出去"的重要载体。中国企业国际化形象建设工作是塑造国家形象的重要组成部分，也是建立中国话语体系、提升中国国际影响力的重要手段。随着我国对外开放战略向纵深推进，共建"一带一路"持续走深走实，中国加速走向世界舞台中心，越来越多的中国企业在国际市场上展现出稳健强劲的发展势头，发挥着日益重要的作用，不仅提供了优秀的产品和服务，也积极履行企业社会责任，打造了许多具有全球影响力和竞争力的响亮品牌，具备了讲好中国故事的物质基础。

然而，我国国家形象建设与企业国际化形象建设面临的形势依然严峻。一方面，西强我弱的国际传播格局尚未打破，以美国为代表的西方国家仍然掌握着舆论主导权和话语权，中国在国际

---

① 本文作者：吕大鹏，中国人民大学国企形象建设研究院院长。

上经常处于"有理说不出""说了传不开""正面说得少""负面被夸大"的不利境地，国际形象在很大程度上是"他塑"而非"自塑"。另一方面，中国企业在"走出去"的进程中，存在明显的"两个不匹配"：软实力和硬实力不匹配，美誉度和贡献度不匹配。根据《财富》杂志发布的"2021年全球最受赞赏公司排行榜"，苹果公司连续14年高居榜首，亚马逊第二，微软第三。中国企业则无一进入全明星榜，这与我国世界第二大经济体和第一制造业大国的地位是不相符的。因此，全面提升中国企业在全球产业发展中的知名度、影响力、话语权，以良好的企业形象展示国家形象，刻不容缓。同时，讲好中国故事，对企业自身品牌建设也会形成品牌共振，带动企业可持续发展。

资料显示，随着中国"一带一路"倡议和改革开放的推进，目前中资企业在海外已有近4万家，1亿美元以上的项目有6 000多个，中国企业的影响力也在逐渐扩大。驻外企业特别是国企，只要具备四大优势，就可以成为我国加强国际传播的重要载体和生力军。

一是人数多。2022年，仅中央企业在海外的员工总计有125万，其中直接派出人员有几十万。他们是直接或间接的中国代言人、传播大使，是国际传播的一支宝贵力量。

二是驻扎长。出于各种原因，我国主流媒体的派出人员在境外的时间会受到影响，而企业驻外人员则可以在当地居住多年，他们跟当地百姓关系好，讲话也容易被听取。

三是限制少。在和平时期，有些国家对我方主流媒体派出人员的数量也是有限制的，而驻外企业人员则没有限制，居住、出差、沟通等都很方便。

四是利益相关。据公开信息，截至 2021 年，中央企业在海外的资产大约有 8 万亿元，在 180 多个国家和地区拥有的机构及项目超过 8 000 个。这些企业都是实实在在为当地出力，普遍受到当地的欢迎。

中资企业在未来的国际舆论战中有独特优势，但目前还没有得到充分利用。有些企业更关心投资收益率，舆论担当意识还不太强；近几年在方式方法上虽然有进步，但相对于国家需要而言，其能力还需培养，尤其是万一遇到特殊舆论战时再动员、培训、上"战场"，临时抱佛脚，恐怕来不及。

中资企业当前在国际传播上存在"三弱"，一是缺少自主媒体平台，二是议题设置能力相对滞后，三是缺乏专业人才。针对这种情况，可以用好中国企业的"三强"，即产品服务硬实力、社会责任软实力和合作共赢巧实力，来进行弥补。

第一，要上升到政治责任的高度予以重视。建议有关部委进一步重视国际传播中驻外企业的特殊作用，明确助力解决"挨骂"问题也是中国企业尤其是国企应当承担的政治责任。国企应该把充分发挥好自身在未来舆论战中的作用当作一项政治任务来完成，义不容辞，责无旁贷。要像在历史上解决"挨打""挨饿"中发挥顶梁柱、压舱石作用一样，在未来解决"挨骂"中同样发挥积极作用，在舆论战中发挥特殊作用。

第二，未雨绸缪，提前布局，抓好组织落实。驻外企业不宜在外设置宣传部门，但是可以参照国际化大公司惯例，在海外设立公共关系部或品牌部，由派出人员和熟悉当地情况和文化的人员构成；驻外企业的项目要设专人或专责，负责项目的公共关系和对外传播沟通；涉外企业的国内总部，要提高这项工作的管理规格，由集团总部的领导班子担任国际传播领导小组组长或首席品牌官，统筹集团力量，提供各种支持，并建立日常的信息渠道和相应的激励机制。

第三，落实人员，加强培训，在境外平台上广开账号。要一批政治过硬、业务精湛、熟悉当地文化、外语沟通能力强的人员，专职从事国际传播和公共关系、品牌建设的工作；同时要招募一批当地员工作为专职人员，加强培训、引导，积极发挥他们的作用；倡导驻外企业员工在业务所在国流行的平台上广开账号，用当地人容易接受的方式讲好中国故事。

第四，要加强能力建设。重点做好议题设置和公众沟通能力建设，以责任赢得信任，把握舆论制高点、理论制高点、道德制高点，与利益相关方一起联动发声，以受众为中心加强议题引导，以人为本讲好企业品牌故事，以理服人回应各方关切，用好"对话"和"对标"两把钥匙，促进共识、共情、共鸣，提升可信、可爱、可敬的中国形象，为共建人类命运共同体发出好声音。

第五，加强统筹，升级管理，抓好落实。随着国际形势的变化，要对企业国际公共关系的实践及时进行总结、归纳、升级，更新方式方法，构建新时期国企的国际传播工作格局。

我们这样向世界讲好中国设计的故事 [1]

2014 年 9 月，在纪念孔子诞辰 2 565 周年国际学术研讨会暨国际儒学联合会第五届会员大会开幕会上，习近平总书记指出："优秀传统文化是一个国家、一个民族传承和发展的根本，如果丢掉了，就割断了精神命脉。我们要善于把弘扬优秀传统文化和发展现实文化有机统一起来，紧密结合起来，在继承中发展，在发展中继承。"[2] 党的十八大以来，艺术与设计杂志社在推动中华文化"走出去"方面积极实践，积累了一些有益的经验。

经济和文化是一枚硬币的两面，艺术与设计杂志社举办了一系列有经济味的文化"走出去"活动，以文化搭台、经济唱戏，创新了人文交流方式，配合高访活动，进一步提高了我国对外文化交流水平，增强了中华文化的生命力、创造力、感召力、公信力，不断扩大中华文化在世界的影响，在用文化自信展现真实立体全面的中国等方面做出努力。

2014 年 10 月，在文艺工作座谈会上，习近平总书记指出，"要讲好中国故事、传播好中国声音、阐发中国精神、展现中国风貌，让外国民众通过欣赏中国作家、艺术家的作品来深化对中

---

[1] 本文作者：钱竹，艺术与设计杂志社社长、总编辑。

[2] 习近平：《在纪念孔子诞辰 2565 周年国际学术研讨会暨国际儒学联合会第五届会员大会开幕上的讲话》，新华网，2014 年 9 月 24 日。

国的认识、增进对中国的了解。要向世界宣传推介我国优秀文化艺术，让国外民众在审美过程中感受魅力，加深对中华文化的认识和理解"①。

近几年，艺术与设计杂志社在多国举办主题为"设计中国"的中国文化"走出去"活动。项目聚焦中国非物质文化遗产传承与时尚设计创新，通过具有深厚中国历史文化底蕴的优秀时尚设计作品，展现人民对美好生活的追求，表达对人类命运共同体的关注。项目作为习近平主席高访配合活动，以共建"一带一路"国家为重点对象，分别在意大利、吉尔吉斯斯坦、希腊等国举办了"设计中国·中意同行""设计中国·丝路花语""设计中国·魅力汉字"等系列活动。

"设计中国"活动，紧紧抓住习近平主席出访的关键时间节点，在重要时刻，形成中国热，各方都聚焦中国，有效地为对象国提供了高质量的内容供给，满足了对方媒体、民众的需要。这项活动增强了国际话语权，奠定了文明互鉴、民心相通的基调，赢得了多国政要、各领域高层、"关键少数"的口碑。

2019 年 3 月，习近平主席对意大利进行国事访问。"设计中国·中意同行"展览同期举办。展览由经济日报社和意大利最大的财经媒体《24 小时太阳报》联合举办，旨在展现当代中国人的文化气质、创新精神和工匠精神。中华人民共和国政府和意大利共和国政府联合公报明确表示，双方对设计等领域的活动不断增多表示满意。"设计"第一次写进了两国的联合公报，这是站在"一带一路"的历史坐标上，中意两国丝路情缘的再续，也是

---

① 习近平：《在文艺工作座谈会上的讲话》，新华网，2014 年 10 月 15 日。

对"设计中国"活动的肯定。

2019 年 6 月，在习近平主席对吉尔吉斯斯坦进行国事访问并参加上海合作组织比什凯克峰会前夕，"设计中国·丝路花语"展览走进了吉尔吉斯斯坦。展览由经济日报社和吉尔吉斯斯坦文化部联合举办。中吉两国各界人士约 300 人出席开幕式并观看展览，吉尔吉斯斯坦前总统萝扎·奥通巴耶娃、吉尔吉斯斯坦共产党人党主席马萨利耶夫等 20 余位议会议员出席开幕式。展览精心挖掘了新疆和中亚的历史文化，回溯了中吉世代友好的动人故事。

2019 年 11 月，在习近平主席对希腊进行国事访问前夕，"设计中国·魅力汉字"展览在雅典扎皮翁宫开幕。展览由经济日报社和希腊发展与投资部联合举办。希腊发展与投资部部长安东尼斯·耶奥尔亚季斯、希腊数字媒体部部长特别顾问玛丽亚·马弗丽达基斯、希腊教育部秘书长阿波斯托里斯·迪米特罗普洛斯和近 400 名中希各界人士一同出席了开幕式。展览表达了中国现代和当代学者、艺术家、设计师对人类命运共同体的关注及中国人民对美好生活的向往。

2014 年 2 月，在中共中央政治局第十三次集体学习时，习近平总书记指出："要讲清楚中华优秀传统文化的历史渊源、发展脉络、基本走向，讲清楚中华文化的独特创造、价值理念、鲜明特色，增强文化自信和价值观自信。"我们在进行中华文化"走出去"工作的过程中，深刻感受到"一国一策"的重要性。

在对意交流活动中，由于意大利是发达国家，且生活方式在世界上具有极强的引领作用，受众也对生活方式非常感兴趣，于是在活动设计中，突出东方色彩，专门邀请中国一流的生活方式专家精心设计，获得了良好的"共鸣"，形成了文化交响曲。在对吉交流活动中，注意挖掘草原文明、西域文化，适度注意伊斯兰文化元素，邀请中国艺术研究院艺术创作研究院院长朱乐耕创作了"马"系列，邀请中央美术学院创作了首饰"羚羊"系列，邀请景德镇陶瓷大学创作了"丝路"系列，邀请新疆服装设计师协会创作了"叶尔羌河的传说"系列服饰，这些策划与吉尔吉斯斯坦观众产生共鸣，吉尔吉斯斯坦前总统萝扎·奥通巴耶娃两次参观展览，展览经吉尔吉斯斯坦媒体报道后，相当多的观众为展期较短没能参观展览表示遗憾。再如，在对希腊的交流活动中，"设计中国·魅力汉字"是一个相当"高冷"的展览，为了能让"高冷"的展览也有其魅力，展览策划了根据中国汉字设计的服饰，由北京舞蹈学院的青年男女演员表演以象形文字为主题的中国古典舞，请当地中餐厨师制作山东寿桃等，展览从中国奥运文字徽章设计开始，到希腊艺术家雕刻的汉字船结束，120 件"高冷"的文字作品引起的火爆场面出乎举办者的预料。

"大美中国"为中外联合制作的展览，在莫斯科和平宫举办，在习近平主席对俄罗斯进行国事访问的时候形成了"中国热"，这种深度合作，为讲好"中国故事"提供了一个成功范例，显示了在合作传播格局下中华文化"走出去"的巨大潜在空间。"大美中国"反映了中国人民物质文化生活水平的大幅提高，产业和科技的巨大进步，铁路和公路运输能力的惊人发展，以及人类历史上罕见的社会治理和国家调控能力。为俄罗斯朋友呈现了一个"魅力中国"，中外网友的加入，成为中俄人民解读中国故事的关键。展览的成功举办，反映了中俄双方参与媒体和文化艺术合作的积极效果。

"一国一策"更容易引发共情，实现民意相通，这是中华文化"走出去"的关键所在。中国传统文化、现代和当代文化与"走出去"的对象国有着相当多可以发掘的"共情"之处，数千年的交往，对当代价值观的认同，都是"一国一策"可以着力的地方。

　　2014年，习近平总书记在中央外事工作会议上提出"要讲好中国故事"，这个故事不仅要中国人讲，也要让外国人讲，还可以中外合作来讲。

　　中国的命运与世界的命运紧密相关，我们要把弘扬中华文明和扩大改革开放结合起来，尊重各国人民选择的发展道路，善于从不同文明中寻求智慧、汲取营养，增强中华文明的生机活力。

　　我们推动中国设计"走出去"，就是要讲好中国设计故事，讲好中国人民对美好生活向往的故事，讲好中国优秀设计师的故事。相信随着中国式现代化建设步伐的不断加快和高水平对外开放的不断推进，中国故事会越来越精彩。

公共关系视角下国际传播
对中老铁路形象塑造探析 [①]

中老铁路是中国与老挝两国互利合作的旗舰项目，是高质量共建"一带一路"的标志性工程。国家主席习近平在中老铁路通车仪式上指出，中老铁路是两国互利合作的旗舰项目。铁路一通，昆明到万象从此山不再高、路不再长。中老铁路的信息传播对于不同国家与公众建立和保持的公共关系提供了一种实用范式。本文分析有关中老铁路英语、老挝语和泰语信息传播的特点与路径，探讨如何引导不同利益相关者的想法和行为，提升类似国际合作项目的形象塑造。

一、中老铁路在英语、老挝语、泰语传播圈的概况

当前，全球公共关系转变为国家、次国家、非国家等多元主体分享国家传播权利的过程，该特征在中老铁路的国际传播中有所体现。在有关中老铁路的信息的国际传播中，英语作为国际通用语言发挥了不可替代的作用，老挝语和泰语则分别具备直接且

---

① 本文作者：王欢，云南日报报业集团国际传播交流中心记者；祖红兵，云南日报报业集团国际传播交流中心记者。

重要的地域相关性。

自 2021 年 12 月 3 日中老铁路开通至 2022 年 9 月，在英语、老挝语、泰语传播圈，有关中老铁路的传播情况如下。

从英语传播圈来看，通过在谷歌、必应、脸书、推特、优兔五个渠道搜索"China–Laos railway""China Laos"等英文关键词，发现在中老铁路的传播中，官方、媒体、个人是最主要的主体。英文信息主要来自中国对外传播媒体、旅游商业网站、英文专业财经网站、中国政务网站、个人和机构的研究报告等，多为中老铁路对东盟关系、经济发展、人文交流等带来的影响，情绪大部分为支持和中立。

从老挝语传播圈来看，自 2015 年底中老铁路动工建设以来，有关信息在老挝主流媒体和社交媒体上铺天盖地，多为官员、意见领袖、民众发布打卡中老铁路的图文、视频，部分内容在脸书上浏览量超过 200 万，产生了相应的联动效应，扩展了同类话题的传播规模。

从泰语传播圈来看，泰语视角下的中老铁路在开通、运营阶段都呈现出"情绪传染"的效果，且由于老挝语、泰语近似，老挝语读者通过泰语渠道阅读较为普遍。在必应上搜索泰文"中老铁路"等关键词，显示 8 960 万条结果，大多数为正面评价。

同时，老挝、泰国之间有关中老铁路的话题也引发多轮罕见的"网络论战"。泰国媒体和社交平台上不乏"赔本赚吆喝""老挝被彻底套住"等冷嘲热讽，老挝媒体也不甘示弱并进行反击。

二、英文、老挝文、泰文媒体对中老铁路的传播特点

中老铁路是我国"一带一路"倡议与老挝"变陆锁国为陆联国"战略对接的重要项目，展现了新时代中国铁路的国际影响以及"一带一路"建设形象，也代表着中国国家形象。在英文、老挝文、泰文等多元媒介视角下，中老铁路的信息传播呈现出了多元特点。

(一)英文媒体：总体较正面，但质疑抹黑声音不断

中老铁路从一开始就是国际英文媒体关注的焦点。调查发现，国际英文媒体报道中老铁路的视角总体上较为正面，但也出现了来自西方、印度媒体的负面报道。这些报道宣扬"中国债务外交论""中国威胁论""新殖民主义"等论调，炒作中老铁路债务、破坏生态环境、征地赔偿、老挝民众利益受损以及中国通过铁路控制老挝等议题，不断质疑抹黑中老铁路。部分媒体还将后疫情时代和俄乌冲突外溢影响给老挝造成的财政困难、通货膨胀等强行与"中老铁路债务"关联，认为是中国债务导致了老挝当前的困难。

(二)老挝文媒体：以正面报道为主，回应国内外关切

在老挝，媒体基本为官方媒体，对中老铁路的报道以正面为主，并积极回应老挝国内外社会关切：一是广泛报道中老铁路开通、运营等方面的新闻，关注中老铁路正面消息以及铁路给老挝带来的利好，为中老铁路建设、运营营造良好的舆论氛围；二是

关注中老铁路运营过程中出现的票务系统不健全、黄牛倒票等具体问题，回应老挝民众关切，引导老挝国内舆论；三是围绕西方国家媒体涉及中老铁路债务、环保、征地、搬迁安置等的抹黑报道进行主动回击。

（三）泰文媒体：认可度持续提升，但仍持谨慎态度

中老铁路开通后，泰文媒体进行了广泛关注，对中老铁路认可度持续提升。泰文媒体报道的主要特点有：一是认为中老铁路是泰国不可错过的机遇，从中泰和老泰贸易、旅游、投资等方面传递中老铁路的利好消息；二是聚焦互联互通，泰国国内关注中泰铁路建设进展，推动与老挝基础设施互联互通方面的情况；三是部分报道持谨慎态度，对中老铁路给泰国相关领域从业人员可能带来的冲击进行了关注。同时，关注中泰铁路建设的透明度、成本、征地等议题。

三、基于中老铁路的国际传播公共关系策略探析

真正完整又成功的公共关系活动得以顺利策划与实施需要多方面因素的保证。包括正确把握公共关系传播主体多元化，对传播主体的关系进行有效协调，灵活运用公关理论和实践技能，特别是提高对网络公关的重视程度，开拓创新性公关活动，从而顺利与传播对象构建良好互动沟通关系。[①]

[①] 陈曦：《老挝媒体发展的现状与特点分析》，《传媒》，2022 年第 1 期。

（一）深化对老挝和泰国政治、经济、社会舆论生态的认识

知己知彼，百战不殆。熟悉国外媒体生态，把握国际传播媒体对中老铁路报道的特点和趋势，制定精准传播策略，对维护中老铁路国际形象十分重要。中国的国际传播媒体可加大对老挝、泰国媒体的生态研究力度，增强对两国国情的认识，并充分利用现代化技术手段，增强数据搜集、研究、分析研判能力。

（二）设置议题，聚焦共性，积极应对国际舆论关切

议题设置是媒体传播权利的重要体现。部分西方媒体抹黑中老铁路国际形象，也就是在抹黑"一带一路"形象和中国国际形象。中国国际传播媒体要实时洞察话题动向，善于设置议题提升舆论引导能力和舆论斗争的针对性、实效性，对攻击抹黑和炮制中老铁路的谣言谎言，第一时间进行批驳，澄清事实，为中央和地方媒体、群团组织、相关跨国企业、亲华人士、亲华网红等进行分门别类的、紧扣时度效的公关策划。

（三）创新媒体合作，以"他视角""他平台"占领话题风口

国际媒体合作有利于凝聚维护中老铁路形象的强大合力。我国国际传播媒体可持续加强与老挝和泰国友华或中立媒体的合作，在中老铁路国际形象传播中提升对两国本土传播资源的利用能力。例如2022年5月、8月，云南省南亚东南亚区域国际传播中心联合中老两国媒体，分别发起两次中老铁路媒体联盟采访

活动，走进中老铁路沿线城市，聚焦铁路给通道、物流、乡村、文旅等领域带来的"蝴蝶效应"。

（四）拓宽人际、群际的公共对话视野和渠道

充分释放公共关系维护和推动其他主体——个人和机构的力量。在跨国企业、跨国群团、国际组织、意见领袖等群体和个体间，进行跨文化公关。开展与中老铁路有关或衍生出的采风、对话、访谈、约稿、沙龙、画展、摄影展、文创大赛等可创作、可展示、可二次传播的对外文化交流活动，在人际、群际构建认识、理解和认同。实践证明，普通民众和群团发起的社区公共活动、公共外交等，有助于增强同胞之间的关系和信任。

四、小结

做好中老铁路的国际传播，有利于维护我国国际形象，推动高质量共建"一带一路"走深走实。在当前国际舆论斗争日趋白热化的背景下，西方媒体凭借自身在先入为主、议题设置、传播策略、本土化策略等方面的优势，不时炒作中老铁路负面舆论，抹黑"一带一路"倡议，以服务西方国家在区域内的利益。对此，我国国际传播媒体可进一步深化对中老铁路直接利益相关国老挝、泰国的舆论生态研究，培育和创新与两国媒体的合作，增强舆论引导能力和舆论斗争能力，提升有利于中老铁路的国际公共关系和舆论环境。

Web 3.0 时代国际传播和公共外交的趋势与愿景 [①]

当下随着信息传播技术的迭代升级，我们正处于 Web 2.0 向 Web 3.0 过渡的时期。2021 年以来，以 NFT 和元宇宙为代表的 Web 3.0 理念与实践的兴起及逐步落地，寄托了人类对下一代互联网新的想象。这些技术和概念在改变传播形态与传媒产业的同时，也在逐渐重塑国际传播的新格局。

一、NFT 与数字化公共外交

NFT（Non-Fungible Token）指的是非同质化代币（也称"非同质化通证"），本质上是一种以区块链为底层技术的加密数字货币，因此具备数据化结构、分布式存储、加密算法和共识机制等区块链自带的属性。同时 NFT 具有非同质特征，不仅每个 NFT 都独一无二，还能以文图声像等多种媒介样态呈现，从而赋予了不同媒介形态内容以 NFT 为载体进行传播的可能性。2021 年被称为 NFT "元年"，其概念在全球范围迅速火爆，其发展触角也

---

① 本文作者：史安斌，清华大学爱泼斯坦对外传播研究中心主任、教授；杨晨晞，清华大学新闻与传播学院博士研究生。

深入人类生活的方方面面。

国际传播和公共外交领域也逐渐瞄准了 NFT 这一新兴的传播渠道，将其用于打造和建构国家形象，促进人类文明的共通互享。当下，NFT 在国际传播和公共外交领域的应用，主要分为"作为内容载体的 NFT"和"作为认证工具的 NFT"两种场景。

从内容载体来看，许多公共外交主体将不同形态的内容铸造成 NFT，然后向目标受众展示或销售，借助这一新颖的形式达到公共外交的目标。这一方面最突出的案例就是以博物馆为传播主体的文化外交。新冠肺炎疫情使博物馆文化外交的功能受损，同时经济运转受到冲击。在此背景下，许多著名的博物馆都转向了 NFT 这一路径，利用其文化产品的属性向"数字博物馆外交"转型。这方面最突出的案例是大英博物馆，其与 NFT 平台"LaCollection"达成了为期 5 年的独家合作，发行了一系列不同规模和价格的 NFT。[①] 这一跨界合作和"联名"吸引了全球媒体和公众的目光，不仅增强了其艺术品的全局影响力，也带来了大量的创收。除了大英博物馆之外，俄罗斯艾尔米塔什博物馆（也称"冬宫博物馆"）、意大利乌菲齐美术馆等都加入了发行 NFT 的行列中。[②]

博物馆是非国家主体进行文化外交的最佳代表，同时也有一些国家和政府行为体在 NFT 的应用上迈出了较为大胆的步伐。阿联酋邮政部门就在该国国庆节时发行了与实体邮票关联的 NFT 邮票，其图案和符号处处体现了阿联酋的国家特色，不

---

①　Scott Reyburn, "Museums Are Cashing In on NFTs," Slashdot, March 2022.

②　Tim Deakin, "Museums and NFTs: what's the opportunity, who's doing it best and why question marks remain," MuseumNext, July 2022.

仅增强了国内的向心力和凝聚力，同时对外成功塑造了国家形象。[1] 除此之外，乌克兰政府在 2022 年发布与俄乌冲突相关的 NFT 数字艺术品，用于记录相关历史，同时为其筹措军费。[2]

从认证工具的角度看，NFT 还可以充分发挥其独特性、非同质化且可追溯的"底层逻辑"，实现不可篡改的认证功能，从而确保虚拟社会中的国际传播公共外交的真实性和有效性。这一想法在"教育公共外交"领域已经得到了初步应用。跨国在线教育亟待一套认证教育真实性和效果的解决方案，NFT 就因为其特性成了达到这一目标的不二选择。美国杜克大学已经使用 NFT 给修读工程区块链基础课程的各国学生颁发教育认证证书，这一证书能够达到独一无二且不可伪造的效果。未来预期会有更多大学和教育机构参考这一做法，从而推动"教育公共外交"的不断深入拓展。[3]

当前将 NFT 用于认证的国家行为体不多，多数国家政府仍持较为审慎的态度，而南欧小国圣马力诺做出了引人注目的大胆尝试。该国与区块链企业 VeChain 合作发布了 NFT 数字新冠疫苗护照，从而验证用户是否有保真的疫苗接种状态证明。而这一动作本身也是圣马力诺政府的公共外交行为，旨在塑造该国支持

---

① "Emirates Post unveils region's first NFT Stamp," UAE Office of Public & Culture Diplomacy, November 2021.

② Amitoj Singh, "Ukraine to Use NFTs to Save Its Cultural 'DNA' Amid Russian Invasion," Crypto News, June 2022.

③ "How NFTs Are Shaping Education," Tomorrow's World Today, August 2022.

下一代新兴技术的国家形象。[①]

　　总的来说，NFT 的诸多应用仍在试水阶段，但在文化外交、教育外交和形象品牌塑造等领域已经产生了一定效果。尽管目前许多应用含有一些"噱头"的性质，但不失为有益的尝试。期待未来在 NFT 发展更为成熟和规范的阶段，能有更多公共外交从业者与时俱进，发挥其去中心化的本质特征，使 NFT 在公共外交舞台上熠熠生辉。

二、元宇宙与元软实力

　　"元宇宙"（Metaverse）一词由英文里的"超越"（Meta）和"宇宙"（Universe）组合而成。2021 年同样被称为"元宇宙"元年，"元宇宙第一股" Roblox 游戏公司的上市，全球社交媒体巨头脸书公司整体更名为"Meta"等一系列事件，让元宇宙这一概念一夜之间家喻户晓。当下元宇宙仍处于构想和试验阶段，目标是整合多种新技术，构建下一代网络应用和数字社会生态，在时空拓展、人机融生、科技增值等方面获得实质性的突破。

　　元宇宙在传统的互联网文图声像的基础上营造了更加多维、整合和逼真的形态，即沉浸式的虚拟空间。借助"灵境"般的体验，国际传播和公共外交被赋予了无限的想象力与可能性。与人类传播史上出现的各种新媒体一样，元宇宙的概念现象契合并且拓展了麦克卢汉"媒介即人的延伸"的经典理念。在"灵境"当

---

① Martin Young, "San Marino Approves Blockchain 'Covid Certificates' on VeChain," BeInCrypto, July 2021.

中借助依托多种感官的传感器和"虚拟化身"等技术，媒介不仅是人类器官和感知的延伸，人甚至成了媒介本身。

不少国家已经开始将公共外交的场景转移到元宇宙空间。最先试水的国家是巴巴多斯，该国在 2021 年 11 月宣布要开设第一家"元宇宙大使馆"，计划在虚拟世界提供"数字签证"等服务，并在多个平台扩张和互通。[①] 紧随其步伐，以色列驻韩国大使馆也进驻了元宇宙空间，用户在其中可以浏览包含以色列和韩国之间的关系的历史，同时在设置的不同区域内沉浸式交流和互动。[②] 有学者据此提出了"元外交"（Meta Diplomacy）的概念，数字化的"网缘政治"成了传统地缘政治的一种替代力量，元宇宙成了调解"网缘地缘政治冲突"的"谈判场"，也成了不同国家民众相互了解和影响的"跨国公共领域"。

而对元宇宙世界最有雄心的国家则非韩国莫属。韩国政府部门延续其创立跨部门、跨领域的"国家品牌委员会"合力打造"韩流"（K-Pop）的历史经验，在政策制定和落地上多元协调各方力量，同时各级政府部门和 180 多家企业合作建立"元宇宙联盟"，扶持技术创新和政企合作。在政府的大力扶持下，游戏、娱乐和文创产业积极引入技术创新机制，将"韩流"偶像及其作

---

① Jim Wyss, "Barbados Is Opening a Diplomatic Embassy in the Metaverse," December 14, 2021, https://www.bloomberg.com/news/articles/2021-12-14/barbados-tries-digital-diplomacy-with-planned-metaverse-embassy?leadSource=uverify%20wall.

② Kwon Mee-yoo, "Israeli embassy opens in metaverse," The Korea Times, September 2022.

品的粉丝效应扩展到元宇宙空间。①

　　在元宇宙空间的国际传播探索和"元外交"的兴起，也推动了对"元软实力"（Meta-Soft Power）概念的讨论。这一概念打破了传统地缘政治格局和国家疆界的限制，开辟了提升软实力和打造国家品牌的新维度。原有的各种提升国家文化软实力的方式和手段，都在元宇宙世界中被颠覆、重组和再造。

三、展望 Web 3.0 时代

　　当下互联网技术仍在日新月异发展和变革的过程中，但其去中心化和虚实共生的特性已经成为大势所趋。展望 Web 3.0 时代，尽管以 NFT 和元宇宙为代表的许多技术仍处在初级阶段，但其应用方向和整体趋势已经初见端倪。我们一方面要鼓励科技创新，利用新的工具和渠道进行国际传播转型的尝试，为多元主体在 Web 3.0 的实践和探索创造良好的政策环境；另一方面要守住国家安全和国家利益的底线，警惕其背后的炒作、不规范、主权问题和虚假信息等负外部效应，防范风险，努力营造更安全、健康和公正的国际传播环境。

---

① Jonathan Keane, "South Korea is betting on the metaverse—and it could provide a blueprint for others," CNBC, May 2022.